DR. OETKER
VEGAN BACKEN

DR. OETKER
VEGAN BACKEN

Dr. Oetker Verlag

VORWORT

Vegane Ernährung liegt voll im Trend. Wer es selbst einmal ausprobieren möchte oder Gäste entsprechend bewirten will, kann sich dieser Herausforderung mit diesem Buch problemlos stellen. Auch ohne Milch, Ei, Honig und Gelatine können im Backofen sehr schmackhafte Verführungen entstehen. Scones mit Datteln, Nusstorte nach „Schweizer Art", Mandel-Milchreis-Torte, Cranberry-Sesam-Rührkuchen oder Mohnschnecken sind als vegane Alternative gar nicht so schwer. Oder wollen Sie lieber mal Herzhaftes im Ofen zaubern wie Ratatouille-Pizza oder kleine Strudel mit Süßkartoffeln? Ausprobieren und überraschen lassen!

| 30 Minuten, ohne Abkühlzeit | 8 Stück | E: 5 g, F: 10 g, Kh: 40 g, |
| Backzeit: etwa 25 Minuten | | kJ: 1140, kcal: 272, BE: 3,5 |

NUSSHÖRNCHEN

FÜR DEN TOFU-ÖL-TEIG:
200 g Weizenmehl
2 gestr. TL Dr. Oetker Backin
150 g Seidentofu
2 EL Hafersahne
2 EL Speiseöl,
 z. B. Sonnenblumenöl
50 g Voll-Rohrzucker
1 Pck. Dr. Oetker
 Vanillin-Zucker

FÜR DIE FÜLLUNG:
75 g gem. Haselnusskerne
2 Tropfen Bittermandel-
 Aroma
50 g Voll-Rohrzucker
2 EL kaltes Wasser

ZUM BESTREICHEN UND FÜR DEN GUSS:
2 EL Hafersahne
50 g Puderzucker
2–3 TL Zitronensaft

ZUSÄTZLICH:
1 Backblech
Backpapier

1_ Für den Teig Mehl mit Backpulver in einer Rührschüssel mischen. Restliche Zutaten für den Teig hinzugeben und mit einem Mixer (Knethaken) zunächst kurz auf niedrigster, dann auf höchster Stufe in etwa 1 Minute zu einem glatten Teig verarbeiten (nicht zu lange, Teig klebt sonst).

2_ Anschließend den Teig auf einer leicht bemehlten Arbeitsfläche zu einer Kugel formen. Dann zu einer runden Platte (Ø etwa 36 cm) ausrollen. Diese in 8 gleich große „Tortenstücke" schneiden.

3_ Den Backofen vorheizen.
Ober-/Unterhitze: etwa 180 °C
Heißluft: etwa 160 °C

4_ Für die Füllung die Nusskerne mit Aroma, Rohrzucker und Wasser zu einer streichfähigen Masse verrühren, in 8 gleich große Portionen teilen. Jede Portion zu einem Röllchen formen.

5_ Auf die breite Seite jedes „Tortenstücks" ein Röllchen der Füllung legen. Jedes „Tortenstück" von der breiten Seite aus zur Spitze hin zu Hörnchen aufrollen. Die Teighörnchen auf das Backblech (mit Backpapier belegt) legen.

6_ Die Hörnchen mit der Hafersahne bestreichen. Das Backblech auf mittlerer Einschubleiste in den vorgeheizten Backofen schieben. Die Hörnchen **etwa 25 Minuten backen**.

7_ Das Backblech auf einen Kuchenrost stellen. Die Hörnchen erkalten lassen.

8_ Für den Guss Puderzucker mit Zitronensaft zu einer dickflüssigen Masse verrühren und auf die erkalteten Hörnchen streichen. Zitronenguss trocknen lassen.

Klein & Fein

| 45 Minuten, ohne Abkühlzeit Backzeit: etwa 10 Minuten | 14 Stücke | E: 3 g, F: 1 g, Kh: 31 g, kJ: 668, kcal: 159, BE: 2,5 |

KERNIGE DINKEL-HAFER-STREIFEN

FÜR DEN TEIG:
100 g Dinkelkörner
600 ml Wasser
2 kleine Äpfel (etwa 250 g)
60 g Voll-Rohrzucker
150 g Apfeldicksaft
100 g getrocknete Cranberrys
160 g zarte Haferflocken
1 EL Weizenmehl (Type 550)

ZUSÄTZLICH:
1 Backblech
Backpapier

1. Die Dinkelkörner mit dem Wasser in einem Topf zum Kochen bringen und etwa 25 Minuten köcheln lassen, dabei gelegentlich umrühren. Den Topf von der Kochstelle nehmen.

2. Die Äpfel vierteln, schälen, entkernen und grob raspeln. Zucker mit Apfelraspeln und Apfeldicksaft in einen Topf geben und 2–3 Minuten kochen, dabei ab und zu umrühren. Cranberrys unter die Apfelmasse rühren und das Ganze abkühlen lassen.

3. Den Backofen vorheizen.
Ober-/Unterhitze: etwa 180 °C
Heißluft: etwa 160 °C

4. Die Dinkelkörner in ein Sieb geben und abtropfen lassen. Die Körner mit der Apfelmasse, 150 g von den Haferflocken und dem Mehl gut vermengen. Die Teigmasse halbieren.

5. Jede Teighälfte auf dem Backblech (mit Backpapier belegt) zu einem flachen Rechteck von etwa 8 x 25 cm formen. Die Teigränder mit einem Teigschaber gerade drücken. Die Rechtecke mit den restlichen Haferflocken bestreuen.

6. Das Backblech in den vorgeheizten Backofen schieben. Gebäck **etwa 10 Minuten backen**.

7. Das Backblech auf einen Kuchenrost stellen und das Gebäck erkalten lassen.

8. Das Gebäck mit einem großen Messer in etwa 3½ cm breite Streifen schneiden.

→ **TIPPS:**
Die kernigen Streifen halten sich in einer gut schließenden Dose verpackt, kühl und trocken gelagert etwa 1 Woche. Etwas würziger schmecken die Streifen, wenn man unter die Apfelmasse noch frisch geriebenen Ingwer rührt.

50 Minuten, ohne Abkühlzeit
Backzeit: 8–10 Minuten je Backblech

25 Stück

E: 2 g, F: 6 g, Kh: 11 g, kJ: 467, kcal: 111, BE: 1,0

ERDNUSS-KARAMELL-COOKIES

ZUM VORBEREITEN:
100 g Voll-Rohrzucker

FÜR DEN TEIG:
75 g Erdnussbutter, crunchy
75 g vegane Margarine
75 g Voll-Rohrzucker
125 g Dinkelmehl (Type 630)
¼ TL Hirschhornsalz
100 g geröstete, gesalzene Erdnüsse

ZUSÄTZLICH:
2 Backbleche
Backpapier

1. Zum Vorbereiten etwa die Hälfte vom Zucker in einem Topf bei schwacher Hitze karamellisieren, restlichen Zucker nach und nach dazugeben und ebenfalls karamellisieren lassen. Karamell (Achtung: sehr heiß!) auf ein mit Backpapier belegtes Backblech geben und erkalten lassen.

2. Die kalte Karamellplatte in Stücke klopfen und klein hacken (oder in einen Gefrierbeutel geben, verschließen und mit einer Teigrolle grob zerbröseln).

3. Den Backofen vorheizen.
Ober-/Unterhitze: etwa 180 °C
Heißluft: etwa 160 °C

4. Für den Teig Erdnussbutter mit Margarine und Zucker in eine Rührschüssel geben und mit einem Mixer (Knethaken) auf mittlerer Stufe verrühren. Zum Schluss Mehl mit Hirschhornsalz mischen und unterrühren. Erdnüsse und Karamellstückchen hinzugeben, mit den Händen unter den Teig kneten.

5. Den Teig auf einer bemehlten Arbeitsfläche zu einer Rolle formen und in 25 gleich große Stücke schneiden. Die Teigstücke zu Kugeln rollen und flach drücken. Die Teigtaler mit etwas Abstand auf Backbleche (mit Backpapier belegt) setzen.

6. Die Backbleche nacheinander (bei Heißluft zusammen) in den vorgeheizten Backofen schieben. Die Cookies **8–10 Minuten je Backblech backen**.

7. Die Cookies mit dem Backpapier von den Backblechen auf Kuchenroste ziehen und erkalten lassen.

→ **TIPPS:**
Die Cookies schmecken am nächsten Tag noch besser. Sie halten sich in einer gut schließenden Dose verpackt, kühl und trocken gelagert etwa 2 Wochen.

45 Minuten, ohne Abkühlzeit
Teiggehzeit: etwa 95 Minuten
Backzeit: etwa 25 Minuten
je Backlech

12 Stück

E: 8 g, F: 12 g, Kh: 33 g,
kJ: 1160, kcal: 277, BE: 2,5

MOHNSCHNECKEN

FÜR DEN HEFETEIG:
150 ml ungesüßter Haferdrink (natur)
21 g frische Hefe
320 g Dinkelmehl (Type 630)
3 EL Agavendicksaft
2 Prisen Salz
3 EL Sonnenblumenöl

FÜR DIE MOHNFÜLLUNG:
100 g Marzipan-Rohmasse
100 g gem. Mohn
150 ml ungesüßter Haferdrink (natur)
50 g Agavendicksaft

50 g gehackte Mandeln
etwa 2 EL ungesüßter Haferdrink (natur)

ZUSÄTZLICH:
2 Backbleche
Backpapier

1_ Für den Hefeteig Haferdrink in eine Rührschüssel geben. Die Hefe hineinbröseln und verrühren. Dinkelmehl, Agavendicksaft, Salz und Öl hinzufügen. Die Zutaten mit einem Mixer (Knethaken) zunächst kurz auf niedrigster, dann auf höchster Stufe zu einem glatten Teig verkneten.

2_ Den Teig zugedeckt so lange bei Zimmertemperatur gehen lassen, bis er sich sichtbar vergrößert hat (etwa 1 Stunde).

3_ Für die Mohnfüllung Marzipan in kleine Stücke schneiden. Mohn und Haferdrink in einem Topf verrühren und kurz aufkochen lassen, dann etwa 2 Minuten unter Rühren köcheln lassen. Mohn-Hafer-Mischung in eine Schüssel umfüllen. Agavendicksaft und Marzipanstücke unterrühren und das Ganze abkühlen lassen.

4_ Den Hefeteig auf einer leicht bemehlten Arbeitsfläche flach drücken und zu einem Quadrat (etwa 30 x 30 cm) ausrollen.

5_ Die Mohnfüllung glatt rühren bis keine Marzipanstückchen mehr zu sehen sind und gleichmäßig auf dem Hefeteig verstreichen, dabei an einer Seite einen etwa 5 cm breiten Teigrand frei lassen. Die Mohnfüllung mit der Hälfte der gehackten Mandeln bestreuen.

6_ Die Teigplatte zum freien Teigrand hin aufrollen. Die Teigrolle auf etwa 45 cm in die Länge ziehen und in etwa 3 ½ cm breite Scheiben schneiden. Die Teigscheiben mit etwas Abstand auf die Backbleche (mit Backpapier belegt) legen und mit Haferdrink bestreichen, mit den restlichen Mandeln bestreuen. Die Teigscheiben zugedeckt nochmals bei Zimmertemperatur gehen lassen (etwa 35 Minuten).

7_ Den Backofen vorheizen.
Ober-/Unterhitze: etwa 180 °C
Heißluft: etwa 160 °C

8_ Die Backbleche nacheinander (bei Heißluft zusammen) in den vorgeheizten Backofen schieben. Schnecken **etwa 25 Minuten je Backblech backen**.

9_ Die Mohnschnecken mit dem Backpapier auf Kuchenroste ziehen und erkalten lassen.

→ **TIPPS:**
Frisch schmecken die Mohnschnecken am besten. Sie lassen sich aber auch einfrieren. Dann bei Bedarf die Schnecken etwas antauen lassen, im vorgeheizten Backofen bei angegebener Backtemperatur etwa 5 Minuten aufbacken.

| 1 Stunde, ohne Ruhe- und Abkühlzeit Backzeit: etwa 30 Minuten | 8 Stück | E: 4 g, F: 11 g, Kh: 39 g, kJ: 1210, kcal: 288, BE: 3,5 |

MÜSLITÜTEN

FÜR DEN TEIG:
150 g Weizenmehl
1 Prise Salz
1 Prise Zucker
75 ml lauwarmes Wasser
2 EL Speiseöl, z. B. Rapsöl

FÜR DIE FÜLLUNG:
1 Apfel (etwa 150 g)
½ Banane (etwa 100 g)
100 g Vitalis 7-Korn-Müsli (Beeren-Mischung)
2 EL Orangenlikör
2 EL Walnussöl
100 g Sojajoghurt (natur)
3 EL Agavendicksaft
2 EL Apfel- oder Orangensaft

ZUM BESTREICHEN:
50 g vegane Margarine

ZUM BESTÄUBEN:
2 EL Puderzucker

ZUSÄTZLICH:
1 Backblech
Backpapier

1_ Für den Teig Mehl in eine Rührschüssel geben, in die Mehlmitte eine Mulde drücken. Restliche Teigzutaten in die Mehlmulde geben und mit dem Mixer (Knethaken) zunächst kurz auf niedrigster, dann auf höchster Stufe zu einem Teig verarbeiten. Den Teig auf der Arbeitsfläche (nicht bemehlt) etwa 5 Minuten kneten.

2_ Den Teig in einen Gefrierbeutel geben. Den Beutel verschließen und den Teig etwa 1 Stunde bei Zimmertemperatur ruhen lassen.

3_ Für die Füllung den Apfel abspülen, abtrocknen, vierteln, entkernen und in kleine Würfel schneiden. Banane schälen und ebenfalls fein würfeln. Apfel- und Bananenwürfel mit den restlichen Zutaten für die Füllung verrühren.

4_ Zum Bestreichen die Margarine in einem Topf zerlassen. Die Füllung in 8 Portionen teilen.

5_ Den Teig nochmals auf der Arbeitsfläche (ohne Mehl) kurz kneten, zu einer Rolle formen und in 8 gleich große Stücke teilen. 7 Teigstücke wieder in den Gefrierbeutel legen.

6_ Das 8. Teigstück auf der bemehlten Arbeitsfläche zu einer runden Platte (Ø etwa 20 cm) ausrollen. Die Platte mit etwas zerlassener Margarine bestreichen und bis zur Mitte einschneiden. Eine Portion Füllung wie ein Tortenstück, mit etwa 1 cm Abstand zum Einschnitt, rechts neben den Einschnitt auf den Teig geben. Die Füllung vorsichtig einrollen, sodass eine spitze „Tüte" entsteht. Die Tüte auf das Backblech (mit Backpapier belegt) legen.

7_ Den Backofen vorheizen.
Ober-/Unterhitze: etwa 180 °C
Heißluft: etwa 160 °C

8_ Die restlichen Teigstücke und die restliche Füllung auf die gleiche Weise verarbeiten und auf das Backblech legen. Die Müslitüten mit der restlichen Margarine bestreichen. Das Backblech auf mittlerer Einschubleiste in den vorgeheizten Backofen schieben. Die Müslitüten **etwa 30 Minuten backen**.

9_ Die Müslitüten lauwarm oder erkaltet mit Puderzucker bestäuben und servieren.

| 50 Minuten, ohne Abkühl- und Trockenzeit | etwa 30 Stück | E: 2 g, F: 11 g, Kh: 6 g, kJ: 557, kcal: 133, BE: 0,5 |

KOKOSKONFEKT
MIT MARZIPAN

FÜR DAS KONFEKT:
150 ml ungesüßte, cremige Kokosmilch
250 g Kokosraspel
1–2 EL Voll-Rohrzucker
3 EL Rum

200 g Marzipan-Rohmasse
150 g vegane Zartbitter-Kuvertüre (mind. 60 % Kakaoanteil)
1 TL Kokosöl nativ

ZUSÄTZLICH:
Backpapier

1_ Für das Konfekt Kokosmilch, 100 g von den Kokosraspeln und Zucker in einem Topf verrühren und zum Kochen bringen, dann unter Rühren etwa 4 Minuten köcheln lassen. Zum Schluss den Rum unterrühren und die Kokosmasse abkühlen lassen.

2_ Marzipan in kleine Stücke zupfen und unter die Kokosmasse kneten. Aus der Kokosmasse etwa 30 Kugeln (Ø etwa 3 cm) formen und diese etwa 4 Stunden trocknen lassen.

3_ Restliche Kokosraspel in einer Pfanne ohne Fett unter Wenden leicht anrösten.

4_ Die Kuvertüre in kleine Stücke hacken. Zwei Drittel davon in einem Topf im Wasserbad bei schwacher Hitze unter Rühren schmelzen. Den Topf aus dem Wasserbad nehmen und die restliche Kuvertüre darin unter Rühren schmelzen. Kokosöl unterrühren.

5_ Die Kokosraspel auf ein Stück Backpapier geben. Etwas Kuvertüre in die Hand geben und die Kugeln mit den Händen rundherum mit Kuvertüre bedecken.

6_ So lange die Kuvertüre noch feucht ist, die Kugeln in den Kokosraspeln wenden und z.B. auf ein Tablett (mit Backpapier belegt) legen. Das Tablett mit den Kugeln etwa 5 Minuten in den Kühlschrank stellen, damit die Kuvertüre fest wird.

7_ Die restlichen Kokosraspel mit der restlichen Kuvertüre (diese evtl. nochmals erwärmen) verrühren und mit einem Teelöffel kleine Häufchen auf Backpapier setzen. Die Kokoshäufchen fest werden lassen.

→ TIPP:
Wenn Sie keinen Alkohol verwenden möchten, dann statt Rum 3 Esslöffel Kokosmilch mehr nehmen.

| 10 Minuten, ohne Abkühlzeit Backzeit: etwa 20 Minuten | 6 Stück | E: 2 g, F: 8 g, Kh: 21 g, kJ: 723, kcal: 172, BE: 1,5 |

MINI- KAKAO-GUGELHUPFE

FÜR DEN ALL-IN-TEIG:
20 g Chiasamen
½ reife Banane (etwa 80 g)
70 g Weizenmehl
10 g gesiebtes Kakaopulver
1 gestr. TL Dr. Oetker Backin
40 g Voll-Rohrzucker
1 Pck. Dr. Oetker Vanillin-Zucker
40 g vegane Margarine (zimmerwarm)
70 ml Mineralwasser mit Kohlensäure

ZUSÄTZLICH:
1 Silikonform für 6 Minigugelhupfe (je etwa 50 ml Inhalt)
etwas vegane Margarine
1 EL Voll-Rohrzucker
1 Backblech

1_ Die Mulden der Form mit Margarine einfetten und mit Zucker ausstreuen. Die Form in den Kühlschrank stellen.

2_ Den Backofen vorheizen.
Ober-/Unterhitze: etwa 180 °C
Heißluft: etwa 160 °C

3_ Für den Teig Chiasamen in einem Blitzhacker oder einer Kaffeemühle fein mahlen. Die Banane schälen und mit einer Gabel fein zerdrücken.

4_ Mehl mit Kakao und Backpulver in einer Rührschüssel mischen. Bananenmus, gemahlene Chiasamen, Zucker, Vanillin-Zucker, Margarine und Mineralwasser hinzufügen. Die Zutaten mit einem Mixer (Rührstäbe) zunächst kurz auf niedrigster, dann auf höchster Stufe in etwa 1 Minute zu einem glatten Teig verarbeiten.

5_ Den Teig gleichmäßig in den Mulden der Form verteilen. Die Form auf dem Backblech auf mittlerer Einschubleiste in den vorgeheizten Backofen schieben. Die Gugelhupfe etwa **20 Minuten backen**.

6_ Die Form auf einen Kuchenrost stellen und die Gugelhupfe etwa 5 Minuten abkühlen lassen. Dann die Mini-Gugelhupfe aus der Form stürzen. Die Mini-Gugelhupfe lauwarm oder kalt servieren.

→ TIPP:
Die Gugelhupfe z.B. lauwarm mit einer dunklen Schokosauce servieren. Dafür 40 g gesiebtes Kakaopulver, 20 g Voll-Rohrzucker und 1 Teelöffel Speisestärke in einem kleinen Topf verrühren. Nach und nach 250 ml ungesüßten Reisdrink (natur) unterrühren. Das Ganze unter Rühren etwa 1 Minute kochen lassen.

| 30 Minuten, ohne Abkühlzeit Backzeit: 18–20 Minuten | 30 Stücke | E: 2 g, F: 7g, Kh: 10 g, kJ: 466, kcal: 111, BE: 1,0 |

BAKLAVA

200 g Cashewkerne
100 g ungesalzene Pistazienkerne
250 ml Ahornsirup
5 vegane Filo- oder Yufkateigblätter
 (½ Pck., 125 g, 30 x 31 cm,
 aus dem Kühlregal)
50 ml Speiseöl, z. B. Sonnenblumenöl

ZUSÄTZLICH:
1 Backblech
etwas vegane Margarine
Backpapier
1 verstellbarer Backrahmen mit Inneneinteiler

1_ Zuerst die Cashewkerne im Blitzhacker fein hacken und dann die Pistazienkerne. 140 ml Ahornsirup mit den fein gehackten Cashewkernen und 75 ml Ahornsirup mit den fein gehackten Pistazienkernen verrühren.

2_ Den Backofen vorheizen.
Ober-/Unterhitze: etwa 180 °C
Heißluft: etwa 160 °C

3_ Die Teigblätter halbieren, sodass rechteckige Blätter von etwa 15 x 30 cm entstehen. Ein Teigblatt auf das Backblech (gefettet, mit Backpapier belegt) legen und dünn mit etwas Öl bestreichen. Ein weiteres Teigblatt darauflegen und ebenfalls dünn mit Öl bestreichen. Wieder ein Teigblatt darauflegen und die Hälfte der Cashewkernmasse gleichmäßig darauf verteilen.

4_ Die Cashewkernschicht mit einem weiteren Teigblatt belegen, dieses wieder dünn mit Öl bestreichen und mit einem weiteren Teigblatt belegen. Die Pistazienmasse gleichmäßig darauf verstreichen, mit einem Teigblatt belegen, dieses wieder dünn mit Öl einstreichen und mit einem weiteren Teigblatt belegen. Die restliche Cashewkernmasse darauf verteilen, ein Teigblatt darauflegen, dieses dünn mit Öl bestreichen, darauf ein weiteres Teigblatt legen und wieder mit Öl bestreichen. Zum Schluss das letzte Teigblatt darauflegen.

5_ Die vorbereitete Baklava mit einem Brettchen etwas fest und glatt drücken und mit einem großen glatten Messer in etwa 3 x 5 cm große Stücke schneiden. Den verstellbaren Backrahmen mit dem restlichen Öl einstreichen und um die Baklava stellen. Die Baklavaoberfläche mit dem restlichen Ahornsirup bestreichen.

6_ Das Backblech auf mittlerer Einschubleiste in den vorgeheizten Backofen schieben. Die Baklava **18–20 Minuten backen**.

7_ Die Baklava auf dem Backblech auf einem Kuchenost etwas abkühlen lassen, dann den Backrahmen entfernen. Baklava vollständig erkalten lassen. Baklava zum Servieren evtl. noch einmal nachschneiden.

→ TIPP:
Gut verpackt, kühl und trocken gelagert, hält sich Baklava 1–2 Wochen.

Klein & Fein

50 Minuten, ohne Einweich- und Abkühlzeit
Backzeit: etwa 8 Minuten je Backblech

etwa 50 Stück

E: 1 g, F: 1 g, Kh: 6 g, kJ: 175, kcal: 42, BE: 0,5

HAFERFLOCKEN-PLÄTZCHEN

ZUM VORBEREITEN:
50 g Rosinen
150 ml Haferdrink

FÜR DEN TEIG:
60 g vegane Margarine
100 g Voll-Rohrzucker
200 g kernige Haferflocken
½ reife Banane (etwa 80 g)
60 g Buchweizenmehl

ZUSÄTZLICH:
2 Backbleche
Backpapier

1_ Zum Vorbereiten die Rosinen etwa 1 Stunde in dem Haferdrink einweichen.

2_ Für den Teig Margarine mit Zucker und Haferflocken in einer Pfanne unter ständigem Rühren zartbraun rösten. Das Ganze auf einen Teller geben und abkühlen lassen.

3_ Die Banane schälen, mit einer Gabel zerdrücken, mit Haferdrink, Rosinen, Haferflocken-Mischung und Buchweizenmehl gut vermengen.

4_ Den Backofen vorheizen.
Ober-/Unterhitze: etwa 180 °C
Heißluft: etwa 160 °C

5_ Mit einem Teelöffel kleine Teighäufchen abstechen und mit etwas Abstand auf die Backbleche (mit Backpapier belegt) setzen.

6_ Die Backbleche nacheinander (bei Heißluft zusammen) in den vorgeheizten Backofen schieben. Die Plätzchen in etwa **8 Minuten je Backblech zartbraun backen**.

7_ Die Plätzchen mit dem Backpapier von den Backblechen auf Kuchenroste ziehen und erkalten lassen.

→ **TIPPS:**
Die Plätzchen schmecken am nächsten Tag noch besser und halten sich in einer gut schließenden Dose verpackt, kühl und trocken gelagert etwa 2 Wochen.

Klein & Fein

| 20 Minuten, ohne Kühlzeit Backzeit: etwa 15 Minuten | etwa 40 Stück | E: 1 g, F: 3 g, Kh: 8 g, kJ: 269, kcal: 64, BE: 0,5 |

INGWERKEKSE

FÜR DEN KNETTEIG:
80 g kandierter oder gezuckerter Ingwer
250 g Weizenmehl (Type 405)
½ gestr. TL Dr. Oetker Backin
150 g gekühlte, vegane Margarine
100 g Roh-Rohrzucker
1 Msp. Salz
2 EL kaltes Wasser

ZUSÄTZLICH:
Backpapier
1 Backblech

1_ Für den Teig den Ingwer im Blitzhacker fein hacken. Mehl mit Backpulver in einer Rührschüssel mischen. Margarine in kleine Stücke schneiden. Gehackten Ingwer, Margarine, Zucker, Salz und Wasser hinzufügen. Die Zutaten mit einem Mixer (Knethaken) zunächst kurz auf niedrigster, dann auf höchster Stufe gut durcharbeiten. Anschließend auf einer leicht bemehlten Arbeitsfläche kurz zu einem Teig verkneten und etwas flacher rollen.

2_ Einen Bogen Backpapier (etwa 35 x 25 cm) auf die Arbeitsfläche legen und fixieren (z.B. mit Margarine). Den Teig darauflegen und zu einem Rechteck (etwa 30 x 20 cm) ausrollen.

3_ Mit einer Gabel dicht an dicht Muster in den Teig drücken, die Teigränder z.B. mit einem Lineal gerade drücken. Den Teig mit dem Backpapier z.B. auf einem Tablett oder Brett zugedeckt mindestens 2 Stunden in den Kühlschrank stellen.

4_ Den Backofen vorheizen.
Ober-/Unterhitze: etwa 180 °C
Heißluft: etwa 160 °C

5_ Den gekühlten Teig mit dem Backpapier auf ein Backblech legen. Das Backblech auf mittlerer Einschubleiste in den vorgeheizten Backofen schieben. Die Gebäckplatte **etwa 15 Minuten backen**.

6_ Das Backblech auf einen Kuchenrost stellen. Die heiße Gebäckplatte mit einem Sägemesser in Rechtecke (je etwa 5 x 3 cm) schneiden. Die Ingwerkekse erkalten lassen.

→ TIPP:
Die Ingwerkekse halten sich luftdicht verpackt 2–3 Wochen.

30 Minuten, ohne Abkühlzeit
Backzeit: etwa 20 Minuten

etwa 40 Stück

E: 2 g, F: 8 g, Kh: 18 g,
kJ: 627, kcal: 150, BE: 1,5

KIRSCHECKEN *(Titelrezept)*

FÜR DEN KNETTEIG:
250 g Weizenmehl
¼ gestr. TL Dr. Oetker Backin
100 g Roh-Rohrzucker
1 Pck. Dr. Oetker Vanillin-Zucker
150 g vegane Margarine
2 EL kaltes Wasser

FÜR DEN BELAG:
1 Bio-Zitrone (unbehandelt, ungewachst)
200 g getrocknete Sauerkirschen
200 ml Hafersahne
100 g vegane Margarine
1 Pck. Dr. Oetker Bourbon-Vanille-Zucker
100 g Roh-Rohrzucker
120 g Buchweizenkörner
50 g gehobelte Mandeln

FÜR DEN GUSS:
100 g vegane weiße oder Edelbitter-Schokolade
10 g Kokosfett

ZUSÄTZLICH:
1 Backblech (etwa 30 x 40 cm)
etwas vegane Margarine

1_ Für den Teig Mehl mit Backpulver in einer Rührschüssel mischen. Restliche Teigzutaten hinzufügen, mit einem Mixer (Knethaken) erst kurz auf niedrigster, dann auf höchster Stufe gut durcharbeiten. Dann auf einer leicht bemehlten Arbeitsfläche kurz zu einer Teigkugel verkneten, in Frischhaltefolie gewickelt etwa 30 Minuten in den Kühlschrank legen.

2_ Für den Belag die Zitrone heiß abwaschen, abtrocknen und die Hälfte der Schale fein abreiben. Die Kirschen in einem Blitzhacker grob hacken. Hafersahne, Margarine, Vanille-Zucker und Zucker unter Rühren in einem Topf aufkochen. Gehackte Kirschen, Buchweizen und Mandeln unterrühren, etwa 1 Minute kochen lassen. Topf von der Kochstelle nehmen. Belagmasse lauwarm abkühlen lassen.

3_ Den Backofen vorheizen.
Ober-/Unterhitze: etwa 180 °C
Heißluft: etwa 160 °C

4_ Den Teig auf der bemehlten Arbeitsfläche zu einem Rechteck in Backblechgröße (etwa 30 x 40 cm) ausrollen. Das Teigrechteck auf die Teigrolle wickeln und auf dem Backblech (gefettet) wieder abrollen. Teig mit einer Gabel mehrmals einstechen. Belag darauf verstreichen.

5_ Das Backblech auf mittlerer Einschubleiste in den vorgeheizten Backofen schieben. Die Gebäckplatte **etwa 20 Minuten backen**.

6_ Das Backblech auf einen Kuchenrost stellen, die Gebäckplatte erkalten lassen. Anschließend in Quadrate (etwa 8 x 8 cm) schneiden und diese diagonal halbieren, sodass Dreiecke entstehen.

7_ Für den Guss Schokolade in Stücke brechen, mit dem Kokosfett in einem Topf im Wasserbad bei schwacher Hitze unter Rühren schmelzen.

8_ Die Kirschecken z.B. mit einer Palette vom Backblech lösen, an den spitzen Ecken mit Schokolade beträufeln, auf Backpapier legen und Schokolade trocknen lassen.

→ TIPP:
Den Belag zusätzlich mit 1 Messerspitze Zimt oder Anis würzen.

Klein & Fein

30 Minuten, ohne Abkühlzeit
Backzeit: etwa 30 Minuten

6 Stück

E: 3 g, F: 13 g, Kh: 40 g,
kJ: 1223, kcal: 292, BE: 3,5

ZITRONEN-GUGELHUPFE

FÜR DEN TEIG:
1 kleine Bio-Zitrone (unbehandelt, ungewachst, etwa 90 g)
200 ml ungesüßter Hafer- oder Mandeldrink (natur)
110 g Weizenmehl
½ TL Natron
½ TL Dr. Oetker Backin
80 g Voll-Rohrzucker
25 g abgezogene, gem. Mandeln
50 ml Speiseöl, z. B. Sonnenblumenöl

FÜR DEN GUSS:
70 g Puderzucker

ZUSÄTZLICH:
6 Silikon-Gugelhupf-Förmchen (je etwa 80 ml Inhalt)
etwas Speiseöl, z. B. Sonnenblumenöl
1 Backblech

1_ Die Gugelhupfförmchen dünn mit dem Speiseöl ausstreichen und auf das Backblech stellen. Den Backofen vorheizen.
Ober-/Unterhitze: etwa 180 °C
Heißluft: etwa 160 °C

2_ Für den Teig die Zitrone heiß abwaschen und abtrocknen. Die Schale fein abreiben. Dann die Zitrone halbieren und den Saft auspressen. 2 Esslöffel davon mit der Zitronenschale unter den Hafer- oder Mandeldrink rühren. Restlichen Zitronensaft für den Guss beiseitestellen.

3_ Mehl mit Natron und Backpulver in einer Rührschüssel mischen. Dann den Zucker und die Mandeln untermischen.

4_ Das Speiseöl zu der Hafer- oder Mandeldrink-Mischung geben, anschließend mit einem Schneebesen unter die Mehlmischung rühren.

5_ Den glatt gerührten Teig bis etwa 5 mm unter den Rand in die Gugelhupfförmchen füllen. Die Förmchen auf dem Backblech auf mittlerer Einschubleiste in den vorgeheizten Backofen schieben. Die Zitronen-Gugelhupfe **etwa 30 Minuten backen**.

6_ Die Gugelhupfe am besten noch heiß aus den Förmchen stürzen und auf einem mit Backpapier belegten Kuchenrost erkalten lassen.

7_ Für den Guss Puderzucker mit restlichem Zitronensaft (1–2 Esslöffeln) glatt rühren. Den Guss mit einem Löffel über die Gugelhupfe träufeln, trocknen lassen.

→ **TIPP:**
Die Gugelhupfe können 2 Tage im Voraus gebacken werden und gut verpackt auf den Verzehr warten.

1 Stunde, ohne Ruhezeit
Backzeit: etwa 25 Minuten

12 Stück

E: 5 g, F: 11 g, Kh: 28 g,
kJ: 976, kcal: 233, BE: 2,5

KIRSCHSÄCKCHEN

FÜR DEN TEIG:
200 g Weizenmehl
1 Prise Salz
1 Prise Zucker
90 ml lauwarmes Wasser
2 EL Speiseöl, z. B. Keimöl

FÜR DIE FÜLLUNG:
100 g abgezogene,
  gem. Mandeln
175 g abgetropfte Sauer-
  kirschen (aus dem Glas)
200 g Seidentofu
5 g Leinmehl
1 TL gem. Zimt
1 TL ger. Bio-Zitronenschale
50 g Voll-Rohrzucker

ZUM BESTREICHEN:
etwa 4 EL Keimöl

FÜR DEN GUSS:
1–2 EL Sauerkirschsaft
  (aus dem Glas)
70 g Puderzucker
evtl. etwas Speisefarbe

ZUSÄTZLICH:
1 Muffinform für 12 Muffins
etwas Sonnenblumenöl

1_ Für den Teig Mehl in eine Rührschüssel geben, in die Mitte eine Mulde drücken. Restliche Teigzutaten in die Mulde geben, mit einem Mixer (Knethaken) erst kurz auf niedrigster, dann auf höchster Stufe zu einem Teig verarbeiten. Den Teig auf der Arbeitsfläche (nicht bemehlt) etwa 5 Minuten kneten. Den Teig in einen Gefrierbeutel geben. Den Beutel verschließen. Den Teig etwa 1 Stunde bei Zimmertemperatur ruhen lassen.

2_ Für die Füllung Mandeln in einer Pfanne ohne Fett unter Rühren goldbraun rösten, dann abkühlen lassen. Von den abgetropften Sauerkirschen den Saft auffangen. 1–2 Esslöffel Saft für den Guss beiseitestellen. Seidentofu mit einer Gabel zerdrücken. Mandeln mit Leinmehl, Zimt, Zitronenschale und Zucker verrühren. Tofu und Kirschen unterrühren.

3_ Den Teig nochmals auf der Arbeitsfläche kurz kneten. Teig halbieren. Eine Hälfte wieder in den Gefrierbeutel geben. Die andere Hälfte auf der leicht bemehlten Arbeitsfläche zu einem sehr dünnen Rechteck (etwa 44 x 33 cm) ausrollen. Dabei zwischendurch den Teig wenden und die Arbeitsfläche immer hauchdünn mit Mehl bestäuben. Das Rechteck z. B. mit einem Pizzaroller in 12 Quadrate (je etwa 11 x 11 cm) schneiden. Alle Quadrate dünn mit etwas Öl bestreichen.

4_ Jeweils 2 Quadrate diagonal versetzt mit den bestrichenen Seiten nach oben aufeinanderlegen. Die Hälfte der Füllung mittig darauf verteilen. Die Teigspitzen über der Füllung leicht zusammendrücken. Die Teigsäckchen in die Mulden der Muffinform (dünn mit Öl ausgestrichen) setzen.

5_ Den Backofen vorheizen.
Ober-/Unterhitze: etwa 180 °C
Heißluft: etwa 160 °C

6_ Restlichen Teig und restliche Füllung auf die gleiche Weise zu Teigsäckchen verarbeiten. Alle Teigtaschen mit dem restlichen Öl bestreichen. Die Form auf dem Rost im unteren Drittel in den vorgeheizten Backofen schieben. Kirschsäckchen **etwa 25 Minuten backen**.

7_ Die Form auf einen Kuchenrost stellen. Nach etwa 5 Minuten die Kirschsäckchen aus der Form nehmen und auf den Kuchenrost setzen.

8_ Beiseitegestellten Kirschsaft mit Puderzucker zu einem dickflüssigen Guss verrühren. Den Guss evtl. mit Speisefarbe nachfärben und in einen kleinen Gefrierbeutel füllen. Beutel verschließen und eine Spitze abschneiden. Lauwarme oder kalte Kirschsäckchen mit dem Guss verzieren. Guss trocknen lassen.

40 Minuten, ohne Kühlzeit
Backzeit: 20–25 Minuten je Backblech

12 Stück

E: 4 g, F: 10 g, Kh: 28 g, kJ: 920, kcal: 220, BE: 2,5

SCONES
MIT DATTELN UND WALNÜSSEN

FÜR DEN TEIG:
100 g getrocknete, entsteinte Datteln
150 ml ungesüßter Haferdrink (natur)
100 g Walnusskerne
250 g Weizenmehl
3 gestr. TL Dr. Oetker Backin
50 g Zucker
1 Prise Salz
50 g vegane Margarine

ZUM BESTREICHEN:
etwa 2 EL ungesüßter Haferdrink (natur)

ZUSÄTZLICH:
1 runder Ausstecher (Ø 5–6 cm)
1–2 Backbleche
Backpapier

1_ Für den Teig die Datteln in sehr dünne Scheiben schneiden und mit dem Haferdrink vermischen. Die Walnusskerne grob hacken.

2_ Mehl mit Backpulver, Zucker und Salz vermischen. Margarine in kleinen Flocken zur Mehlmischung geben. Die Margarineflocken mit den Händen in der Mehlmischung zerreiben. Haferdrink mit Datteln und Walnusskernen zugeben. Das Ganze mit einem Teigschaber zu einem Teig vermengen. Den Teig mit Mehl bestäuben und zugedeckt etwa 15 Minuten in den Kühlschrank stellen.

3_ Den Teig auf einer bemehlten Arbeitsfläche etwa 2 cm dick ausrollen und mit dem Ausstecher runde Teigstücke ausstechen. Restlichen Teig wieder kurz zusammenkneten, erneut ausrollen und ausstechen, bis der Teig aufgebraucht ist.

4_ Die Teigscheiben mit etwas Abstand auf Backbleche (mit Backpapier belegt) legen und zugedeckt etwa 1 Stunde in den Kühlschrank stellen.

5_ Den Backofen vorheizen.
Ober-/Unterhitze: etwa 180 °C
Heißluft: etwa 160 °C

6_ Die Teigscheiben mit Haferdrink bestreichen. Die Backbleche nacheinander (bei Heißluft zusammen) in den vorgeheizten Backofen schieben. Die Scones **20–25 Minuten je Backblech backen.**

7_ Scones mit dem Backpapier von den Backblechen auf Kuchenroste ziehen, erkalten lassen.

→ **TIPPS:**
Wer schneller zum Ziel kommen möchte, kann aus dem Teig auch einfach Quadrate schneiden.
Die erkalteten Scones lassen sich wunderbar einfrieren. Angetaute Scones bei Bedarf im vorgeheizten Backofen bei angegebener Backofentemperatur etwa 5 Minuten aufbacken.
Die Scones mit Soja-„Frischkäse" und Konfitüre servieren. Statt Datteln Soft-Pflaumen verwenden.

Klein & Fein

30 Minuten, ohne Abkühlzeit
Backzeit: etwa 50 Minuten

12 Stücke

E: 4 g, F: 15 g, Kh: 38 g,
kJ: 1322, kcal: 315, BE: 3,0

JOHANNISBEER-STREUSEL-KUCHEN

ZUM VORBEREITEN:
120 g gem. Erdmandeln

FÜR DEN STREUSELTEIG:
200 g Weizenmehl (Type 550)
½ gestr. TL Dr. Oetker Backin
1 Msp. gem. Zimt
120 g Voll-Rohrzucker
1 Pck. Dr. Oetker Vanillin-Zucker
180 g feste, vegane Margarine
1 EL kaltes Wasser

FÜR DIE FÜLLUNG:
500 g rote Johannisbeeren (frisch oder TK)
80 g Voll-Rohrzucker
1 Pck. Dr. Oetker Bourbon-Vanille-Zucker
2 gestr. EL Weizenmehl (Type 550)
40 g zarte Haferflocken

ZUM BESTÄUBEN:
1 EL Puderzucker

ZUSÄTZLICH:
1 Springform (Ø etwa 26 cm)
Backpapier

1_ Zum Vorbereiten die Erdmandeln in einer Pfanne ohne Fett unter Rühren goldbraun rösten, dann auf einen Teller geben.

2_ Den Backofen vorheizen.
Ober-/Unterhitze: etwa 180 °C
Heißluft: etwa 160 °C

3_ Für den Teig Mehl mit 100 g von den Erdmandeln, Backpulver und Zimt in einer Rührschüssel mischen. Zucker, Vanillin-Zucker und Margarine in kleinen Stücken hinzufügen, mit einem Mixer (Rührstäbe) auf niedriger Stufe zu Streuseln von gewünschter Größe verarbeiten. Während des Rührens das Wasser dazugeben.

4_ Die Hälfte der Streusel in der Springform (mit Backpapier belegt) verteilen und zu einem Boden andrücken. Restliche Streusel zugedeckt in den Kühlschrank stellen.

5_ Die Form auf dem Rost im unteren Drittel in den vorgeheizten Backofen schieben. Den Streuselboden **etwa 10 Minuten vorbacken**.

6_ Für die Füllung inzwischen frische Johannisbeeren abspülen, gut abtropfen lassen und die Beeren von den Rispen streifen. Frische Beeren oder die gefrorenen Beeren mit Zucker, Vanille-Zucker, Mehl, Haferflocken und restlichen Erdmandeln vermischen.

7_ Die Backform aus dem Backofen nehmen und auf einen Kuchenrost stellen. Etwas von den Streuseln als schmalen Ring am Rand der Springform verteilen. Die Füllung auf dem Streuselboden verteilen und mit den restlichen Streuseln bedecken.

8_ Die Form wieder auf dem Rost bei gleicher Backofeneinstellung in den vorgeheizten Backofen schieben. Den Kuchen **weitere etwa 40 Minuten backen**.

9_ Den Kuchen auf einem Kuchenrost etwa 10 Minuten abkühlen lassen. Dann den Springformrand mit einem Messer lösen und entfernen. Den Kuchen vollständig erkalten lassen. Zum Servieren den Kuchen mit Puderzucker bestäuben.

Kuchen & Torten

30 Minuten, ohne Abkühlzeit
Backzeit: 15–20 Minuten

20 Stücke

E: 5 g, F: 16 g, Kh: 29 g,
kJ: 1167, kcal: 278, BE: 2,5

MANDELKUCHEN

150 g gem. Mandeln

FÜR DEN RÜHRTEIG:
25 g Sojamehl (getoastet)
60 ml Wasser
180 g vegane Margarine (zimmerwarm)
170 g Roh-Rohrzucker
1 Pck. Dr. Oetker Vanillin-Zucker
250 g Weizenmehl (Type 550)
3 gestr. TL Dr. Oetker Backin
150 ml ungesüßter Mandeldrink (natur)

FÜR DIE CREME:
1 Pck. Dr. Oetker Pudding-Pulver Sahne-Geschmack
40 g Roh-Rohrzucker
300 ml ungesüßter Mandeldrink (natur)
70 g weißes Mandelmus

FÜR DEN KROKANT:
30 g gehobelte Mandeln
40 g Zucker

ZUSÄTZLICH:
1 Backblech (etwa 30 x 40 cm)
etwas vegane Margarine
etwas Weizenmehl
1 Spritzbeutel ohne Tülle

1_ Die Mandeln in einer Pfanne ohne Fett unter Rühren goldbraun rösten, dann abkühlen lassen. Den Backofen vorheizen.
Ober-/Unterhitze: etwa 200 °C
Heißluft: etwa 180 °C

2_ Für den Teig Sojamehl und Wasser in einen Rührbecher geben, mit einem Mixer (Rührstäbe) erst verrühren, dann auf höchster Stufe kurz aufschlagen. Margarine in einer Rührschüssel auf höchster Stufe verrühren. Zucker und Vanillin-Zucker unterrühren, bis eine gebundene, lockere Masse entstanden ist. Aufgeschlagene Sojamasse unterrühren. Mehl mit Backpulver und gerösteten Mandeln mischen, abwechselnd mit dem Mandeldrink in 2 Portionen unterrühren.

3_ Den Teig auf dem Backblech (gefettet, gemehlt) verstreichen. Das Blech auf mittlerer Einschubleiste in den vorgeheizten Backofen schieben. Den Kuchen **15–20 Minuten backen**.

4_ Das Backblech auf einen Kuchenrost stellen. Den Kuchen erkalten lassen.

5_ Für die Creme inzwischen Pudding-Pulver mit Zucker und 6 Esslöffeln vom Mandeldrink verrühren. Restlichen Mandeldrink zum Kochen bringen, von der Kochstelle nehmen, angerührtes Puddingpulver einrühren und unter Rühren aufkochen. Pudding in eine Schüssel füllen, direkt auf den Pudding Frischhaltefolie legen, damit sich keine Haut bildet. Pudding erkalten lassen.

6_ Mandelmus in eine Rührschüssel geben, nach und nach erkalteten Pudding mit dem Mixer (Rührstäbe) unterrühren. Creme in den Spritzbeutel füllen und mittig auf jedes Kuchenstück einen Tupfen setzen. Kuchen evtl. kalt stellen.

7_ Für den Krokant Mandeln in einer Pfanne ohne Fett unter Rühren goldbraun rösten. Zucker in der Pfanne goldbraun karamellisieren. Die Mandeln wieder dazugeben und mit einem Holzlöffel unterrühren. Karamell auf ein großes Stück Backpapier geben, mit einem zweiten Stück Backpapier bedecken. Karamell mithilfe einer Teigrolle möglichst flach ausrollen. Fest werden lassen.

8_ Zum Servieren den Karamell in Stücke brechen und auf den Cremetupfen verteilen.

1½ Stunden, ohne Abkühl- und Kühlzeit
Backzeit: etwa 30 Minuten

14 Stücke

E: 5 g, F: 16 g, Kh: 38 g, kJ: 1353, kcal: 323, BE: 3,0

MANDEL-MILCHREIS-TORTE
MIT KIRSCHEN

FÜR DEN TEIG:
150 g Weizenmehl
2 TL Dr. Oetker Backin
30 g gesiebtes Kakaopulver
60 g gem. Mandeln
100 g Roh-Rohrzucker
150 ml ungesüßter Mandeldrink (natur)
120 ml Sonnenblumenöl

300 g entsteinte Sauerkirschen (frische oder TK-Kirschen)

FÜR DEN REISBELAG:
1½ l ungesüßter Mandeldrink (natur)
200 g Rundkornreis
2 TL Agar-Agar
50 g Roh-Rohrzucker

ZUM GARNIEREN:
etwa 2 EL Zartbitter-Raspelschokolade

ZUSÄTZLICH:
1 Springform (Ø 26 cm)
Backpapier
etwas vegane Margarine
Alufolie

1_ Den Backofen vorheizen.
Ober-/Unterhitze: etwa 180 °C
Heißluft: etwa 160 °C

2_ Für den Teig Mehl mit Backpulver und Kakao in einer Rührschüssel mischen. Mandeln und Zucker ebenfalls untermischen. Mandeldrink mit Öl verrühren und mit einem Teigschaber unter die Mehlmischung rühren.

3_ Den Teig gleichmäßig in der Springform (mit Backpapier belegt, Rand gefettet) verteilen und mit den Kirschen belegen.

4_ Die Form auf dem Rost im unteren Drittel in den vorgeheizten Backofen schieben. Boden **etwa 30 Minuten backen**, dabei nach etwa 15 Minuten Backzeit mit Alufolie zudecken.

5_ Die Form auf einen Kuchenrost stellen und den Tortenboden erkalten lassen.

6_ Für den Reisbelag den Mandeldrink in einem Topf zum Kochen bringen. Den Reis zugeben, umrühren, zum Kochen bringen und mit halb aufgelegtem Deckel bei schwacher Hitze etwa 40 Minuten quellen lassen, dabei gelegentlich umrühren. Agar-Agar mit Zucker vermischen und zum Schluss unter den Milchreis rühren. Den Milchreis weitere 2 Minuten köcheln lassen. Dann den Topf von der Kochstelle nehmen.

7_ Den Reisbelag etwa 10 Minuten stehen lassen, dann auf dem Tortenboden verstreichen. Den Belag erkalten lassen und die Form zugedeckt etwa 6 Stunden in den Kühlschrank stellen.

8_ Zum Servieren die Torte aus der Springform lösen, auf eine Tortenplatte setzen und mit Raspelschokolade garnieren.

→ **TIPP:**
Wenn Sie TK-Kirschen verwenden, dann können Sie diese gefroren auf dem Teig verteilen.

Kuchen & Torten

| 20 Minuten Backzeit: etwa 35 Minuten | 12 Stücke | E: 2 g, F: 9 g, Kh: 32 g, kJ: 923, kcal: 220, BE: 2,5 |

OBSTKUCHEN

ZUM VORBEREITEN:
480 g abgetropfte Pfirsichhälften (aus der Dose)

FÜR DEN ALL-IN-TEIG:
120 g Dinkel-Vollkornmehl
80 g Weizenmehl
2 gestr. TL Dr. Oetker Backin
130 g Voll-Rohrzucker
1 Pck. Dr. Oetker Vanillin-Zucker
100 ml Maiskeimöl
70 ml ungesüßter Hafer- oder Reisdrink (natur)
100 ml Mineralwasser mit Kohlensäure

ZUM BESTREICHEN:
60 g Aprikosenkonfitüre

ZUSÄTZLICH:
1 verstellbarer Backrahmen
1 Backblech

1_ Einen Backrahmen in der Größe von etwa 20 x 30 cm auf ein Backblech setzen und mit Backpapier auslegen (sodass der Teig nicht auslaufen kann).

2_ Die Pfirsichhälften in Spalten schneiden. Den Backofen vorheizen.
Ober-/Unterhitze: etwa 180 °C
Heißluft: etwa 160 °C

3_ Für den Teig Dinkel- und Weizenmehl mit Backpulver in einer Rührschüssel mischen. Restliche Zutaten hinzufügen und mit einem Mixer (Rührstäbe) zunächst kurz auf niedrigster, dann auf höchster Stufe in etwa 1 Minute zu einem glatten Teig verarbeiten.

4_ Den Teig auf das Backpapier in den Backrahmen geben und glatt streichen. Die Pfirsichspalten mit etwas Abstand streifenförmig auf dem Teig verteilen. Das Backblech auf mittlerer Einschubleiste in den vorgeheizten Backofen schieben. Den Kuchen **etwa 35 Minuten backen**.

5_ Zum Bestreichen die Aprikosenkonfitüre glatt rühren. Das Backblech auf einen Kuchenrost stellen. Den heißen Kuchen mit der Konfitüre bestreichen. Den Kuchen erkalten lassen.

→ TIPPS:

Sie können den Teig auch (wie im Foto oben) in einer Springform (Ø 26 cm, Boden mit Backpapier belegt) backen.
Als Alternative zu den Pfirsichen eignen sich z.B. 350 g abgetropfte Sauerkirschen (aus einem Glas) oder 385 g abgetropfte Pflaumenhälften (aus einem Glas). Dabei die Pflaumenhälften mit der Wölbung nach unten auf den Teig legen.

1 Stunde, ohne Abkühlzeit
Backzeit: 35–40 Minuten

10 Stücke

E: 3 g, F: 8 g, Kh: 45 g,
kJ: 1146, kcal: 273, BE: 3,5

MARONENKUCHEN

FÜR DEN TEIG:
80 g Apfelmus
70 ml Speiseöl, z. B. Sonnenblumenöl
180 ml Mineralwasser mit Kohlensäure
170 g Dinkelmehl (Type 630)
50 g Kastanien- oder Buchweizenmehl
2 TL Dr. Oetker Backin
½ TL gem. Zimt
80 g Voll-Rohrzucker

FÜR DIE CREME:
200 g Maronen (geschält und gekocht,
    z. B. vakuumverpackt)
220 g Apfelmus
1–2 EL Puderzucker
100 g Wild-Preiselbeeren (aus dem Glas)

ZUM BESTREUEN:
2 EL gepuffter Amaranth (Amaranth-Pops)

ZUSÄTZLICH:
1 Springform (Ø 20 cm)
etwas vegane Margarine
etwas Mehl

1_ Den Backofen vorheizen.
Ober-/Unterhitze: etwa 180 °C
Heißluft: etwa 160 °C

2_ Für den Teig Apfelmus mit Speiseöl und Mineralwasser verrühren. Dinkel-, Kastanien- oder Buchweizenmehl mit Backpulver und Zimt in einer Schüssel vermischen. Den Zucker untermischen. Die Apfelmusmischung mit einem Schneebesen flott unter die Mehlmischung rühren. Den Teig in die Springform (gefettet, gemehlt) geben und glatt streichen.

3_ Die Springform auf einem Rost auf mittlerer Einschubleiste in den vorgeheizten Backofen schieben. Den Kuchen **35–40 Minuten backen**.

4_ Die Form auf einen Kuchenrost stellen und den Kuchen erkalten lassen. Dann den Kuchen aus der Springform lösen und waagerecht halbieren. Den unteren Kuchenboden auf eine Platte legen.

5_ Für die Creme Maronen mit Apfelmus und Puderzucker mit einem Pürierstab fein pürieren. 3 Esslöffel der Maronen-Apfelmus-Creme auf dem unteren Boden verstreichen. Die Preiselbeeren darauf verteilen und vorsichtig verstreichen.

6_ Den oberen Kuchenboden daraufsetzen. Die Kuchenoberfläche mit der restlichen Maronen-Apfelmus-Creme bestreichen.

7_ Erst kurz vor dem Servieren den Maronenkuchen mit Amaranth bestreuen.

→ **TIPP:**

Der Maronenkuchen hält sich zugedeckt im Kühlschrank 3–4 Tage.

Kuchen & Torten

1 Stunde, ohne Kühl- und Abkühlzeit
Backzeit: 50–60 Minuten

14 Stücke

E: 7 g, F: 15 g, Kh: 33 g, kJ: 1231, kcal: 293, BE: 2,5

TOFU-„KÄSE"-KUCHEN

ZUM VORBEREITEN FÜR DIE FÜLLUNG:
120 g Cashewkerne
120 ml ungesüßter Mandeldrink (natur)

FÜR DEN KNETTEIG:
220 g Weizenmehl (Type 550)
80 g Voll-Rohrzucker
1 Prise Salz
150 g feste, vegane Margarine
2 EL Wasser

FÜR DIE FÜLLUNG:
½ Bio-Zitrone (unbehandelt, ungewachst)
800 g Seidentofu
100 g Voll-Rohrzucker
2 Pck. Dr. Oetker Vanillin-Zucker
80 g Sultaninen

ZUSÄTZLICH:
1 Springform (Ø 26 cm)
etwas vegane Margarine

1. Zum Vorbereiten für die Füllung die Cashewkerne im Blitzhacker fein mahlen und mit der Mandelmilch gut verrühren.

2. Für den Knetteig Weizenmehl in eine Rührschüssel geben. Zucker, Salz und Margarine in Stückchen hinzufügen. Die Zutaten mit einem Mixer (Knethaken) zunächst kurz auf niedrigster, dann auf höchster Stufe gut durcharbeiten. Dabei zum Schluss das Wasser hinzufügen. Anschließend auf einer leicht bemehlten Arbeitsfläche kurz zu einem Teig verkneten. Den Teig in Frischhaltefolie gewickelt etwa 1 Stunde in den Kühlschrank legen.

3. Den Backofen vorheizen.
Ober-/Unterhitze: etwa 180 °C
Heißluft: etwa 160 °C

4. Zwei Drittel des Teiges auf einer leicht bemehlten Arbeitsfläche etwa 4 mm dick ausrollen, mit dem Springformrand einen Kreis ausstechen. Die Teigplatte in die Springform (gefettet) legen. Die Form auf dem Rost auf mittlerer Einschubleiste in den vorgeheizten Backofen schieben. Boden in **10–15 Minuten zartbraun backen.**

5. Für die Füllung die Schale der Zitrone heiß abwaschen, abtrocknen und die Zitronenschale fein abreiben. Den Saft auspressen.

6. Die Form aus dem Backofen nehmen, auf einen Kuchenrost stellen und etwas abkühlen lassen.

7. Cashewkernmasse, Seidentofu, Zucker, Vanillin-Zucker, Zitronenschale und -saft in einer Rührschüssel mit einem Pürierstab zu einer glatten Masse pürieren. Sultaninen unterrühren.

8. Den restlichen Knetteig zu etwa 1 ½ cm dicken Rollen formen, an den Rand der Springform legen und zu einem etwa 4 cm hohen Rand andrücken. (Die Springform darf dabei noch lauwarm sein). Die Tofufüllung in die Form geben und glatt streichen. Die Springform wieder in den heißen Backofen schieben. Den Kuchen **weitere 40–45 Minuten backen.**

9. Die Springform auf einen Kuchenrost setzen. Den Kuchen erkalten lassen, dann aus der Form lösen und auf eine Tortenplatte setzen. Den Kuchen 4–5 Stunden oder über Nacht stehen lassen und erst dann anschneiden.

| 15 Minuten, ohne Abkühlzeit / Backzeit: 25–30 Minuten | 20 Stücke | E: 3 g, F: 9 g, Kh: 27 g, kJ: 848, kcal: 202, BE: 2,0 |

ZITRONEN-KIRSCH-KUCHEN
(Titelrezept)

FÜR DEN TEIG:
1 Bio-Zitrone (unbehandelt, ungewachst)
400 ml ungesüßter Hafer- oder Mandeldrink (natur)
350 g Weizenmehl
1 TL Natron
1 TL Dr. Oetker Backin
160 g Voll-Rohrzucker
100 g abgezogene, gem. Mandeln
100 ml Speiseöl, z. B. Sonnenblumenöl
350 g abgetropfte Sauerkirschen (aus dem Glas)

FÜR DEN GUSS:
2 EL Puderzucker
etwa 1 EL Sauerkirschsaft aus dem Glas

ZUSÄTZLICH:
1 tiefes Backblech (etwa 30 x 40 cm)
etwas vegane Margarine

1_ Den Backofen vorheizen.
Ober-/Unterhitze: etwa 180 °C
Heißluft: etwa 160 °C

2_ Für den Teig die Zitrone heiß abwaschen und abtrocknen. Die Schale fein abreiben. Dann die Zitrone halbieren und den Saft auspressen. Saft mit der Zitronenschale unter den Hafer- oder Mandeldrink rühren.

3_ Mehl mit Natron und Backpulver in einer Rührschüssel vermischen. Dann den Zucker und die Mandeln untermischen.

4_ Das Speiseöl zu der Hafer- oder Mandeldrink-Mischung geben. Die Mischung in die Rührschüssel zu der Mehlmischung geben. Anschließend alles mit einem Mixer (Rührstäbe) zunächst kurz auf niedrigster, dann auf höchster Stufe in etwa 3 Minuten zu einem glatten Teig verarbeiten.

5_ Den Teig in dem Backblech (gefettet) verteilen und glatt streichen. Die Kirschen gleichmäßig darauf verteilen.

6_ Das Backblech auf mittlerer Einschubleiste in den vorgeheizten Backofen schieben. Den Kuchen **25–30 Minuten backen**.

7_ Das Backblech auf einen Kuchenrost stellen und den Kuchen erkalten lassen.

8_ Für den Guss Puderzucker mit etwas Sauerkirschsaft zu einem Guss glatt rühren. Den Guss in einen Gefrierbeutel geben. Eine kleine Spitze abschneiden. Den Kuchen mit dem Guss besprenkeln. Guss trocknen lassen.

1 Stunde, ohne Abkühl- und Kühlzeit
Backzeit: etwa 35 Minuten

16 Stücke

E: 5 g, F: 30 g, Kh: 42 g, kJ: 1939, kcal: 462, BE: 3,5

SCHOKOLADENTORTE

100 g gemischte Nusskerne
10 g Leinmehl
200 g Voll-Rohrzucker
1 Pck. Dr. Oetker Vanillin-Zucker
100 ml Sonnenblumenöl, 50 ml Walnussöl
200 ml Hafersahne, 100 ml Orangensaft
270 g Weizenmehl (Type 550)
2 gestr. TL Dr. Oetker Backin
1 gestr. TL Natron
40 g Kakaopulver
½ gestr. TL gem. Zimt
100 g fein geriebene, vegane Edelbitter-Schokolade (60 % Kakaoanteil)

FÜR DIE CREME:
40 g Voll-Rohrzucker, 1 Pck. Dr. Oetker Pudding-Pulver Schokolade
400 ml ungesüßter Reisdrink (natur)
150 g gehackte, vegane Edelbitter-Schokolade (60 % Kakaoanteil)
150 g feste, vegane Margarine (z. B. Alsan)
20 g Puderzucker

20 g Zartbitter-Raspelschokolade

ZUSÄTZLICH:
1 Springform (Ø 26 cm), Backpapier

1_ Nusskerne im Blitzhacker sehr fein hacken, in einer Pfanne ohne Fett unter Rühren rösten, erkalten lassen, dann mit dem Leinmehl mischen. Den Backofen vorheizen.
Ober-/Unterhitze: etwa 180 °C
Heißluft: etwa 160 °C

2_ Zucker mit Vanillin-Zucker, Sonnenblumen- und Nussöl, Hafersahne und Orangensaft in einer Rührschüssel mit einem Mixer (Rührstäbe) erst kurz auf niedrigster, dann auf höchster Stufe in 1 Minute aufschlagen. Mehl mit Backpulver, Natron, Kakao und Zimt mischen, kurz unterrühren, dann Schokolade und Nussmischung unterrühren.

3_ Den Teig in der Form (mit Backpapier belegt) verstreichen. Die Form auf dem Rost auf mittlerer Einschubleiste in den vorgeheizten Backofen schieben. Boden **etwa 15 Minuten backen**. Dann die Backofentemperatur um etwa 20 °C auf Ober-/Unterhitze: etwa 160 °C, Heißluft: etwa 140 °C herunterschalten. Boden **weitere etwa 20 Minuten backen**.

4_ Die Form auf einen Kuchenrost stellen. Nach etwa 10 Minuten den Springformrand lösen und entfernen. Tortenboden lauwarm abkühlen lassen, mit einem Sägemesser 2-mal waagerecht durchschneiden. Böden z. B. mit Tortenscheiben abheben, darauf auf Kuchenrosten erkalten lassen.

5_ Für die Creme Zucker und Pudding-Pulver mit 6 Esslöffeln vom Reisdrink verrühren. Restlichen Reisdrink in einem Topf aufkochen, von der Kochstelle nehmen, angerührtes Pudding-Pulver unterrühren. Pudding unter Rühren aufkochen, dann in eine Schüssel füllen. Schokolade darin unter Rühren schmelzen. Puddingoberfläche mit Frischhaltefolie bedecken, abkühlen lassen.

6_ Margarine mit Puderzucker mit dem Mixer (Rührstäbe) schaumig rühren, nach und nach den Pudding unterrühren. (Wichtig: Margarine und Pudding müssen die gleiche Temperatur haben!) Creme vierteln. Jeden Boden mit einem Viertel bestreichen. Böden aufeinandersetzen. Tortenrand mit restlicher Creme bestreichen, mit Raspelschokolade bestreuen. Torte mind. 2 Stunden zugedeckt in den Kühlschrank stellen.

35 Minuten, ohne Abkühlzeit
Teiggehzeit: etwa 65 Minuten
Backzeit: etwa 25 Minuten

12 Stücke

E: 2 g, F: 5 g, Kh: 17 g,
kJ: 520, kcal: 124, BE: 1,5

APFELKUCHEN

ZUM VORBEREITEN:
100 ml Soja-Kochcreme
30 g vegane Margarine

FÜR DEN HEFETEIG:
125 g Weizenmehl (Type 405)
½ Pck. Dr. Oetker Trockenbackhefe
30 g Roh-Rohrzucker

FÜR DEN BELAG:
400 g säuerliche Äpfel, z. B. Elstar
50 ml Soja-Kochcreme
20 g Roh-Rohrzucker
1 Pck. Dr. Oetker Bourbon-Vanille-Zucker

ZUM BESTREUEN:
20 g gehobelte Mandeln
10 g Sultaninen

ZUSÄTZLICH:
1 Springform (Ø 24 cm)
Backpapier

1_ Zum Vorbereiten die Soja-Kochcreme in einem Topf bei schwacher Hitze erwärmen. Die Margarine darin zerlassen.

2_ Für den Teig das Mehl mit der Hefe in einer Rührschüssel vermischen. Zucker und vorbereitete Margarine-Soja-Flüssigkeit hinzufügen Die Zutaten mit einem Mixer (Knethaken) zunächst kurz auf niedrigster, dann auf höchster Stufe in etwa 5 Minuten zu einem glatten Teig verarbeiten. Den Teig zugedeckt so lange an einem warmen Ort gehen lassen, bis er sich sichtbar vergrößert hat (etwa 35 Minuten).

3_ Den Teig in die Springform (mit Backpapier belegt) geben und mit bemehlten Fingern zu einem Boden andrücken. Den Teig mit einer Gabel mehrmals einstechen.

4_ Für den Belag Äpfel schälen, vierteln, entkernen und in Spalten schneiden. Die Apfelspalten auf den Teigboden legen.

5_ Die Kochcreme mit Zucker und Vanille-Zucker verrühren, auf den Apfelspalten verteilen. Mandeln und Sultaninen daraufstreuen. Den Teig nochmals zugedeckt an einem warmen Ort gehen lassen (etwa 30 Minuten).

6_ In der Zwischenzeit den Backofen vorheizen.
Ober-/Unterhitze: etwa 180 °C
Heißluft: etwa 160 °C

7_ Die Form auf dem Rost in den vorgeheizten Backofen schieben. Den Apfelkuchen **etwa 25 Minuten** backen.

8_ Die Form auf einen Kuchenrost stellen. Den Apfelkuchen etwas abkühlen lassen. Dann aus der Form lösen und auf einem mit Backpapier belegten Kuchenrost lauwarm abkühlen lassen und servieren. Oder den Kuchen vollständig erkalten lassen.

etwa 25 Minuten, ohne Abkühlzeit
Kühlzeit: etwa 2 Stunden

12 Stücke

E: 4 g, F: 9 g, Kh: 23 g, kJ: 820, kcal: 195, BE: 2,0

HIMBEERTORTE
MIT MANDEL-AMARANTH-BODEN

FÜR DEN TORTENBODEN:
70 g abgezogene, gem. Mandeln
120 g vegane, weiße Schokolade
20 g Kokosfett
50 g gepuffter Amaranth (Amaranth-Pops)

100 g Himbeerfruchtaufstrich

FÜR DIE CREME:
50 g Roh-Rohrzucker
etwa 7 g Agar-Agar
250 ml Orangensaft
250 g Himbeeren
300 g Sojajoghurt (natur)

70 g Himbeerfruchtaufstrich

ZUSÄTZLICH:
1 Springform (Ø 26 cm)
Backpapier

1_ Für den Tortenboden die Mandeln in einer Pfanne ohne Fett unter Rühren goldbraun rösten, dann auf einem Teller erkalten lassen. Die Schokolade in Stücke brechen, mit dem Kokosfett in einem Topf im Wasserbad bei schwacher Hitze unter Rühren schmelzen.

2_ Mandeln mit Schokomasse und Amaranth in einer Schüssel gut vermischen, in die Springform (mit Backpapier belegt) geben. Die Masse mit einem Löffel zu einem Boden andrücken. Die Form etwa 1 Stunde in den Kühlschrank stellen.

3_ Den Aufstrich auf dem Tortenboden verstreichen. Form wieder in den Kühlschrank stellen.

4_ Für die Creme Zucker und Agar-Agar in einen Topf geben. Orangensaft unterrühren und das Ganze unter Rühren etwa 2 Minuten kochen lassen. Die Geliermasse unter gelegentlichem Rühren abkühlen lassen (bis etwa 40 °C), bis sie lauwarm ist, aber noch nicht geliert.

5_ Inzwischen die Himbeeren verlesen. Die Hälfte der Himbeeren grob zerteilen. Erst die zerteilten Himbeeren, dann den Joghurt zügig unter die Geliermasse rühren. Die Creme sofort in die Form auf den Mandel-Amaranth-Boden geben und verstreichen.

6_ Die restlichen Himbeeren auf der Torte verteilen. Die Form zugedeckt mindestens 1 Stunde in den Kühlschrank stellen.

7_ Die Torte vorsichtig mit einem Messer aus der Form lösen und auf eine Tortenplatte umsetzen.

8_ Fruchtaufstrich durch ein Sieb streichen und in einen kleinen Gefrierbeutel geben. Eine kleine Spitze vom Beutel abschneiden und die Torte mit dem Fruchtaufstrich verzieren.

⏱ 10 Minuten, ohne Abkühlzeit
Backzeit: etwa 1 Stunde

12 Stücke

E: 3 g, F: 15 g, Kh: 45 g,
kJ: 1376, kcal: 329, BE: 4,0

ESPRESSO-MARMOR-GUGELHUPF

FÜR DEN RÜHRTEIG:
30 g Ei-Ersatzpulver (z. B. von 3 Pauly)
120 ml Wasser
170 g vegane Margarine (zimmerwarm)
170 g Roh-Rohrzucker
1 Pck. Dr. Oetker Vanillin-Zucker
1 Prise Salz
300 g Weizenmehl (Type 550)
3 gestr. TL Dr. Oetker Backin
100 ml ungesüßter Hafer- oder Reisdrink (natur)
50 g Zartbitter-Raspelschokolade
3 gestr. TL Instant-Espressopulver

ZUM APRIKOTIEREN UND BESTREUEN:
120 g Aprikosenkonfitüre
20 g Zartbitter-Raspelschokolade

ZUSÄTZLICH:
1 Gugelhupfform (Ø 22 cm)
etwas vegane Margarine
etwas Mehl

1_ Den Backofen vorheizen.
Ober-/Unterhitze: etwa 180 °C
Heißluft: etwa 160 °C

2_ Für den Teig Ei-Ersatzpulver und Wasser in einen Rührbecher geben, mit einem Mixer (Rührstäbe) erst verrühren, dann schaumig aufschlagen.

3_ Margarine in einer Rührschüssel mit dem Mixer (Rührstäbe) auf höchster Stufe verrühren. Anschließend Zucker, Vanillin-Zucker und Salz unterrühren, bis eine gebundene, lockere Masse entstanden ist.

4_ Aufgeschlagenen Ei-Ersatz unterrühren. Mehl mit Backpulver mischen, abwechselnd mit dem Hafer- oder Reisdrink in 2 Portionen kurz auf mittlerer Stufe unterrühren. Raspelschokolade unterrühren.

5_ Zwei Drittel des Teiges in die Gugelhupfform (gefettet, gemehlt) füllen und glatt streichen. Den restlichen Teig mit dem Espressopulver verrühren.

6_ Dunklen Teig auf dem hellen Teig verteilen, mit einer Gabel spiralförmig durch die Teigschichten ziehen, sodass ein Marmormuster entsteht.

7_ Die Form auf dem Rost auf mittlerer Einschubleiste in den vorgeheizten Backofen schieben. Den Kuchen **etwa 30 Minuten backen**. Dann die Backofentemperatur um etwa 20 °C auf Ober-/Unterhitze: etwa 160 °C, Heißluft: etwa 140 °C herunterschalten. Den Kuchen weitere **etwa 30 Minuten backen**.

8_ Die Form aus dem Backofen nehmen und auf einen Kuchenrost stellen. Den Kuchen etwa 10 Minuten abkühlen lassen, **dann aus der Form stürzen und auf dem Kuchenrost erkalten lassen**.

9_ Zum Aprikotieren die Aprikosenkonfitüre pürieren oder durch ein Sieb streichen, kurz in einem kleinen Topf aufkochen lassen und den erkalteten Kuchen damit streichen. Die Raspelschokolade daraufstreuen.

Kuchen & Torten

30 Minuten, ohne Abkühlzeit
Backzeit: etwa 40 Minuten

12 Stücke

E: 3 g, F: 17 g, Kh: 36 g,
kJ: 1312, kcal: 313, BE: 3,0

KOKOS-TARTE

FÜR DEN KNETTEIG:
220 g Weizenmehl
½ gestr. TL Dr. Backin, 1 Msp. gem. Zimt
100 g Roh-Rohrzucker
1 Pck. Dr. Oetker Vanillin-Zucker
120 g feste, vegane Margarine
2 EL kaltes Wasser

FÜR DIE CREME:
1 Bio-Limette (unbehandelt, ungewachst)
400 ml Kokosmilch
60 g Roh-Rohrzucker
40 g Speisestärke
1 EL kaltes Wasser

80 g Fruchtaufstrich mit Orangensaft
   und Sanddornmark
20 g Kokosraspel
30 g Kokoschips

ZUSÄTZLICH:
1 Tarteform mit Hebeboden (Ø etwa 28 cm)
etwas vegane Margarine

1_ Den Backofen vorheizen.
Ober-/Unterhitze: etwa 200 °C
Heißluft: etwa 180 °C

2_ Für den Teig Mehl mit Backpulver in einer Rührschüssel mischen. Restliche Teigzutaten hinzufügen und mit einem Mixer (Knethaken) zunächst kurz auf niedrigster, dann auf höchster Stufe gut durcharbeiten. Anschließend auf einer leicht bemehlten Arbeitsfläche kurz zu einem Teig verkneten. Etwa ein Drittel des Teiges in Frischhaltefolie wickeln und in den Kühlschrank legen.

3_ Den restlichen Teig auf einer bemehlten Arbeitsfläche zu einer runden Platte (Ø etwa 28 cm) ausrollen, in die Tarteform (gefettet) legen. Den Teigboden mit einer Gabel mehrfach einstechen. Die Form auf dem Rost im unteren Drittel in den vorgeheizten Backofen schieben. Den Tarteboden **etwa 15 Minuten vorbacken**.

4_ Für die Creme inzwischen die Limette heiß abwaschen, abtrocknen und die Schale fein abreiben. Limette halbieren und auspressen. Kokosmilch mit Limettenschale zum Kochen bringen. Zucker, Stärke, 2 Esslöffel Limettensaft und Wasser verrühren, in die kochende Kokosmilch einrühren und aufkochen lassen. Creme von der Kochstelle nehmen, etwas abkühlen lassen.

5_ Form auf einen Kuchenrost stellen. Boden etwas abkühlen lassen. Backofentemperatur um etwa 20 °C auf Ober-/Unterhitze: etwa 180 °C, Heißluft: etwa 160 °C herunterschalten.

6_ Restlichen Teig auf einer bemehlten Arbeitsfläche zu zwei Rollen (jeweils etwa 38 cm lang) formen und an den Rand der Tarteform drücken. Vorgebackenen Boden mit 50 g vom Fruchtaufstrich bestreichen, Kokosraspel daraufstreuen. Die Kokoscreme daraufgeben und glatt streichen.

7_ Die Form wieder auf dem Rost in den Backofen schieben. Die Tarte weitere **etwa 15 Minuten backen**. Dann die Tarte mit Kokoschips bestreuen und in **weiteren etwa 10 Minuten fertig backen**.

8_ Form auf einen Kuchenrost stellen. Tarte in der Form erkalten lassen. Restlichen Fruchtaufstrich glatt rühren, in einen kleinen Gefrierbeutel füllen. Eine kleine Spitze abschneiden. Aufstrich in kleinen Tupfen auf die Tarte spritzen.

25 Minuten, ohne Abkühl- und Kühlzeit
Backzeit: etwa 15 Minuten

16 Stücke

E: 3 g, F: 12 g, Kh: 22 g, kJ: 877, kcal: 209, BE: 2,0

SCHOKOROLLE
MIT NOUGATCREMEFÜLLUNG

FÜR DEN TEIG:
100 g Weizenmehl
2 TL Dr. Oetker Backin
20 g gesiebtes Kakaopulver
50 g Ei-Ersatzpulver (z. B. von 3 Pauly)
250 ml kaltes Wasser
2 EL Orangensaft
130 g Voll-Rohrzucker
1 Pck. Dr. Oetker Vanillin-Zucker
2 EL Sonnenblumen- oder Rapsöl

ZUM BESTREUEN:
20 g gehobelte Haselnusskerne

FÜR DIE FÜLLUNG:
2 Pck. Sahnesteif
200 ml gekühlte Sojacreme zum Aufschlagen mit Sahnestandmittel
200 g vegane Nussnougatcreme
20 g gem. Haselnusskerne

ZUSÄTZLICH:
1 Backblech (etwa 30 x 40 cm)
Backpapier
10 g Voll-Rohrzucker zum Bestreuen

1_ Den Backofen vorheizen.
Ober-/Unterhitze: etwa 180 °C
Heißluft: etwa 160 °C.

2_ Für den Teig Mehl mit Backpulver und Kakao mischen. Ei-Ersatzpulver und Wasser in eine Rührschüssel geben, mit einem Mixer (Rührstäbe) kurz glatt rühren, dann auf höchster Stufe 1 Minute aufschlagen.

3_ Orangensaft, Zucker, Vanillin-Zucker und Öl dazugeben und nochmals 1 Minute aufschlagen. Mehlgemisch kurz unterrühren.

4_ Den Teig auf ein Backblech (mit Backpapier belegt) geben und glatt streichen. Das Backblech auf mittlerer Einschubleiste in den vorgeheizten Backofen schieben. Den Teig **etwa 15 Minuten backen**.

5_ Einen Bogen Backpapier mit dem Zucker bestreuen. Die Gebäckplatte sofort nach dem Backen daraufstürzen und mitgebackenes Backpapier vorsichtig abziehen. Die Gebäckplatte erkalten lassen.

6_ Zum Bestreuen die gehobelten Haselnusskerne in einer Pfanne ohne Fett unter Rühren goldbraun rösten und auf einem Teller erkalten lassen.

7_ Für die Füllung Sahnesteif in einen Rührbecher geben, nach und nach die Sojacreme unterrühren, dann aufschlagen. Nussnougatcreme in mehreren Portionen unterrühren. 2 Esslöffel der Creme zum Einstreichen beiseitestellen.

8_ Gemahlene Nusskerne unter die restliche Creme rühren und die erkaltete Gebäckplatte damit bestreichen. Die Platte mithilfe des Backpapiers von der längeren Seite aus aufrollen. Die Rolle halbieren. Beide Rollen mit der beiseitegestellten Creme einstreichen und mit gehobelten Haselnusskernen bestreuen. Die Rollen auf die Servierplatten legen und für mind. 2 Stunden zugedeckt in den Kühlschrank stellen.

| 35 Minuten, ohne Abkühl- und Kühlzeit
Backzeit: etwa 20 Minuten | 12 Stücke | E: 3 g, F: 12 g, Kh: 39 g, kJ: 1179, kcal: 281, BE: 3,0 |

STACHELBEERTORTE

FÜR DEN ALL-IN-TEIG:
220 g Weizenmehl
1 gestr. TL Dr. Oetker Backin
1 gestr. TL Natron
150 g Roh-Rohrzucker
1 Pck. Dr. Oetker Vanillin-Zucker
100 ml Speiseöl, z. B. Keim- oder Rapsöl
100 ml Mineralwasser mit Kohlensäure
100 ml ungesüßter Hafer- oder Reisdrink (natur)
1 EL Apfelessig

FÜR DIE FÜLLUNG UND DIE CREME:
360 g abgetropfte Stachelbeeren (aus dem Glas)
250 ml Stachelbeersaft (aus dem Glas)
1 Pck. ungezuckerter Tortenguss, klar
2 EL Roh-Rohrzucker
200 ml gekühlte Sojacreme zum Aufschlagen mit Sahnestandmittel
1 TL Puderzucker
1 Pck. Sahnesteif

ZUM BESTREUEN:
etwa 1 EL gehackte Pistazienkerne

ZUSÄTZLICH:
1 Springform (Ø 26 cm)
Backpapier

1_ Den Backofen vorheizen.
Ober-/Unterhitze: etwa 180 °C
Heißluft: etwa 160 °C

2_ Für den Teig Mehl mit Backpulver und Natron in einer Rührschüssel mischen. Restliche Teigzutaten hinzufügen und mit einem Mixer (Rührstäbe) erst kurz auf niedrigster, dann auf höchster Stufe in 1 Minute zu einem glatten Teig verarbeiten.

3_ Den Teig in die Springform (mit Backpapier belegt) füllen und glatt streichen. Die Form auf dem Rost auf mittlerer Einschubleiste in den vorgeheizten Backofen schieben. Den Tortenboden **etwa 20 Minuten backen**.

4_ Die Form auf einen Kuchenrost stellen. Nach etwa 10 Minuten den Springformrand mit einem Messer lösen und entfernen. Den Boden erkalten lassen. Dann den Tortenboden waagerecht halbieren. Unteren Tortenboden auf eine Tortenplatte legen, gesäuberten Springformrand darumstellen.

5_ Für die Füllung von den abgetropften Stachelbeeren den Saft auffangen und 250 ml abmessen. Tortengusspulver mit Zucker in einem Topf verrühren. Nach und nach den Saft unterrühren. Das Ganze unter Rühren aufkochen. Den Topf von der Kochstelle nehmen, die Stachelbeeren unterheben. Die Masse auf dem Tortenboden verteilen. Die Stachelbeermasse fest werden lassen. Dann den Springformrand lösen und entfernen.

6_ Sojacreme nach Packungsanleitung aufschlagen. Puderzucker mit Sahnesteif mischen und unterrühren. Etwa ein Drittel der Creme auf den Stachelbeeren verteilen. Oberen Tortenboden darauflegen und leicht andrücken. Restliche Creme wellenartig darauf verstreichen. Die Torte mit gehackten Pistazienkernen bestreuen und bis zum Servieren zugedeckt in den Kühlschrank stellen.

⏱ 30 Minuten, ohne Kühl- und Abkühlzeit
Backzeit: etwa 25 Minuten

12 Stücke

⚖ E: 3 g, F: 11 g, Kh: 38 g, kJ: 1115, kcal: 266, BE: 3,0

MANGO-TARTE
(Titelrezept)

FÜR DEN TEIG:
1 Bio-Zitrone (unbehandelt, ungewachst)
300 g Weizenmehl
75 g Zucker
1 Prise Salz
½ Vanilleschote
150 g feste, vegane Margarine

FÜR DEN BELAG:
2 Mangos (je etwa 500 g)
2 Bio-Limetten (unbehandelt, ungewachst)
etwa 100 g Aprikosenkonfitüre (cremig-fein)

ZUSÄTZLICH:
1 Tarteform mit Hebeboden (Ø etwa 28 cm)
etwas vegane Margarine
Hülsenfrüchte zum Blindbacken

1_ Die Zitrone heiß abwaschen, abtrocknen und die Schale fein abreiben. Das Mehl auf die Arbeitsfläche geben. Zucker und Salz darauf verteilen. Die Vanilleschote längs halbieren und mit einem Messer das Mark herausschaben. Vanillemark und Zitronenschale zum Mehl geben.

2_ Die Margarine in Flöckchen dazugeben. Die Zutaten zu einem glatten Teig verkneten. Den Teig in Frischhaltefolie wickeln und etwa 30 Minuten in den Kühlschrank legen.

3_ Den Backofen vorheizen.
Ober-/Unterhitze: etwa 180 °C
Heißluft: etwa 160 °C

4_ Den Teig auf einer bemehlten Arbeitsfläche zu einer runden Platte (Ø etwa 30 cm) ausrollen. Die Tarteform (gefettet) mit der Teigplatte auslegen. Einen Bogen Backpapier darauflegen und Hülsenfrüchte (z.B. Erbsen oder Bohnen) zum Blindbacken daraufgeben.

5_ Die Form auf dem Rost im unteren Drittel in den vorgeheizten Backofen schieben. Den Tarteboden etwa **25 Minuten backen**.

6_ Das Mangofruchtfleisch von den Steinen schneiden, schälen und das Fruchtfleisch in dünne Spalten schneiden. Limetten heiß abwaschen, abtrocknen und die Schale mit einem Zestenreißer abziehen. Die Zesten zugedeckt beiseitestellen. Limetten halbieren und auspressen. Die Mangospalten mit dem Limettensaft marinieren.

7_ Die Tarteform auf einen Kuchenrost stellen und den Boden etwas abkühlen lassen. Die Hülsenfrüchte und das Backpapier entfernen. Boden erkalten lassen, dann aus der Form lösen und auf eine Tortenplatte legen.

8_ Den Tarteboden mit den Mangospalten belegen. Die Konfitüre glatt rühren und mit einem Backpinsel auf den Mangospalten verteilen. Die Tarte mit den Zitronenzesten garnieren und servieren.

50 Minuten, ohne Kühlzeit
Backzeit: etwa 25 Minuten

12 Stücke

E: 8 g, F: 35 g, Kh: 32 g,
kJ: 1998, kcal: 476, BE: 2,5

NUSSTORTE
NACH „SCHWEIZER ART"

FÜR DEN KNETTEIG:
200 g Weizenmehl (Type 550)
80 g gem. Haselnusskerne
40 g Voll-Rohrzucker
1 Prise Salz
150 g feste, vegane Margarine
1 EL Wasser

FÜR DIE NUSSFÜLLUNG:
150 g Voll-Rohrzucker
50 g feste, vegane Margarine
115 ml ungesüßter Mandeldrink (natur)
120 g gem. Haselnusskerne
200 g gehäutete Haselnusskerne

ZUSÄTZLICH:
1 Springform (Ø 26 cm)
etwas vegane Margarine
etwas Mehl

1_ Für den Teig Mehl, Haselnusskerne, Zucker und Salz in einer Rührschüssel mischen. Margarine in kleinen Flocken hinzufügen. Die Zutaten mit einem Mixer (Knethaken) zunächst kurz auf niedrigster, dann auf mittlerer Stufe gut durcharbeiten, zum Schluss Wasser zufügen. Dann auf einer leicht bemehlten Arbeitsfläche kurz verkneten. Den Teig in Frischhaltefolie gewickelt etwa 1 Stunde in den Kühlschrank legen.

2_ Für die Nussfüllung den Zucker nach und nach in einem Topf bei schwacher Hitze leicht karamellisieren. Margarine unterrühren und dann 100 ml von dem Mandeldrink langsam hinzugießen (Achtung: heißer Dampf entsteht!). Karamell 1 Minute köcheln lassen, dabei umrühren und dann den Topf von der Kochstelle nehmen. Gemahlene und ganze Haselnusskerne unter den warmen Karamell rühren.

3_ Den Backofen vorheizen.
Ober-/Unterhitze: etwa 180 °C
Heißluft: etwa 160 °C

4_ Etwa zwei Drittel des Teiges auf einer leicht bemehlten Arbeitsfläche zu einer runden Platte (Ø etwa 28 cm) ausrollen. Diese in die Springform (gefettet, gemehlt) legen, dabei einen etwa 1 ½ cm hohen Rand an den Formrand andrücken.

5_ Die Nussfüllung gleichmäßig auf dem Teig verteilen. Restlichen Teig auf der leicht bemehlten Arbeitsfläche zu einer runden Teigplatte (Ø etwa 26 cm) ausrollen und vorsichtig auf die Nussfüllung legen. Die Teigoberfläche mit dem restlichen Mandeldrink bestreichen und mit einer Gabel vorsichtig ein Muster eindrücken.

6_ Die Form auf dem Rost auf mittlerer Einschubleiste in den vorgeheizten Backofen schieben. Die Nusstorte **etwa 25 Minuten backen**.

7_ Die Springform auf einen Kuchenrost stellen. Die Nusstorte erkalten lassen, dann mit einem Messer vorsichtig aus der Form lösen.

→ TIPPS:

Die Nusstorte erst nach etwa 8 Stunden anschneiden. Gut verpackt, kühl und trocken gelagert, hält sie sich gut eine Woche.
Wenn Sie keine gehäuteten Haselnusskerne bekommen, dann können Sie Haselnusskerne auch selbst enthäuten. Dazu den Backofen bei Ober-/Unterhitze: etwa 200 °C vorheizen. Die Haselnusskerne auf einem Backblech verteilt 8–10 Minuten im vorgeheizten Backofen rösten, bis die Häute Risse bekommen. Dann die Haselnusskerne auf ein Geschirrtuch geben und die Häute von den noch warmen Nusskernen abreiben.

⏱ 35 Minuten, ohne Abkühlzeit
Backzeit: 35–40 Minuten

12 Stücke

⚖ E: 2 g, F: 8 g, Kh: 20 g,
kJ: 644, kcal: 153, BE: 1,5

BIRNENKUCHEN
MIT ROSMARIN

ZUM VORBEREITEN:
1 Zweig Rosmarin
75 g Voll-Rohrzucker

FÜR DEN TEIG:
100 g vegane Margarine
125 g Seidentofu
125 g Weizenmehl
15 g gesiebtes Kakaopulver
1 gestr. TL Dr. Oetker Backin

FÜR DEN BELAG:
450 g reife Birnen
etwa 2 EL Preiselbeerkonfitüre

ZUSÄTZLICH:
1 Springform (Ø 24 cm)
etwas vegane Margarine

1_ Zum Vorbereiten Rosmarinzweig abspülen und trocken tupfen. Die Nadeln abzupfen. Etwa 1 Esslöffel Rosmarinnadeln fein schneiden und mit dem Zucker vermischen.

2_ Den Backofen vorheizen.
Ober-/Unterhitze: etwa 180 °C
Heißluft: etwa 160 °C

3_ Für den Teig Margarine in einer Rührschüssel mit einem Mixer (Rührstäbe) auf höchster Stufe verrühren. Anschließend den Rosmarinzucker (bis auf 1 Esslöffel) nach und nach unterrühren, bis eine geschmeidige Masse entstanden ist. Seidentofu in Stücken hinzugeben. Die Zutaten etwa ½ Minute schaumig rühren.

4_ Mehl mit Kakao und Backpulver mischen, auf mittlerer Stufe kurz unterrühren. Den Teig in der Springform (Boden gefettet) verstreichen.

5_ Für den Belag Birnen schälen, vierteln und entkernen. Die Birnenviertel mit der Wölbung nach unten auf dem Teig verteilen und mit dem restlichen Rosmarinzucker bestreuen. Die Form auf dem Rost auf mittlerer Einschubleiste in den vorgeheizten Backofen schieben. Den Kuchen **35–40 Minuten backen**.

6_ Die Form auf einen Kuchenrost stellen. Die Konfitüre sofort auf den heißen Birnenvierteln verteilen. Den Birnenkuchen etwas abkühlen lassen. Dann den Kuchen vorsichtig aus der Form lösen und auf einem mit Backpapier belegten Kuchenrost vollständig erkalten lassen.

Kuchen & Torten

30 Minuten, ohne Abkühlzeit
Teiggehzeit: etwa 1 Stunde
Backzeit: etwa 25 Minuten

16 Stücke

E: 3 g, F: 7 g, Kh: 30 g, kJ: 834, kcal: 199, BE: 2,5

HEFEZOPF
MIT PFLAUMEN

150 g entsteinte, getrocknete Pflaumen
1 gestr. TL Aniskörner
50 ml Wasser
30 vegane Margarine (zimmerwarm)
1 EL Voll-Rohrzucker

FÜR DEN HEFETEIG:
200 ml ungesüßter Dinkel- oder Haferdrink (natur)
375 g Weizenmehl (Type 550)
1 Pck. Dr. Oetker Trockenbackhefe
50 g Voll-Rohrzucker
70 g vegane Margarine (zimmerwarm)

ZUM BESTREICHEN:
20 g vegane Margarine
1 EL Wasser
60 g Aprikosenkonfitüre

ZUSÄTZLICH:
1 Backblech
Backpapier

1_ Pflaumen und Aniskörner im Blitzhacker fein hacken. Das Wasser kurz aufkochen, mit der Pflaumen-Anis-Mischung verrühren. Margarine und Zucker dazugeben und ebenfalls unterrühren. Die Pflaumenmasse zugedeckt bei Zimmertemperatur stehen lassen.

2_ Inzwischen für den Teig den Dinkel- oder Haferdrink leicht erwärmen. Mehl in einer Rührschüssel mit der Trockenbackhefe vermischen. Zucker, erwärmten Drink und Margarine hinzufügen, mit einem Mixer (Knethaken) zunächst kurz auf niedrigster, dann auf höchster Stufe in etwa 5 Minuten zu einem glatten Teig verarbeiten.

3_ Den Teig zugedeckt so lange an einem warmen Ort gehen lassen, bis er sich sichtbar vergrößert hat (etwa 40 Minuten).

4_ Den Teig leicht mit Mehl bestäubt auf einer leicht bemehlten Arbeitsfläche flach drücken, zu einem Rechteck (etwa 50 x 36 cm) ausrollen, in 3 lange Streifen (je 50 x 12 cm) schneiden.

5_ Jeweils ein Drittel der Pflaumenmasse mittig auf jedem Streifen längs verteilen und verstreichen.

6_ Jeden Streifen von der langen Seite zur Mitte hin auf die Füllung klappen, sodass sie aneinanderstoßen. Die Streifen mit der Nahtseite nach unten auf die Arbeitsfläche legen und zu einem Zopf flechten. Die oberen und unteren Zopfenden nach unten umklappen.

7_ Den Zopf auf das Backblech (mit Backpapier belegt) legen. Den Zopf zugedeckt an einem warmen Ort so lange gehen lassen, bis er sich sichtbar vergrößert hat (etwa 20 Minuten).

8_ Den Backofen vorheizen.
Ober-/Unterhitze: etwa 180 °C
Heißluft: etwa 160 °C

9_ Die Margarine zerlassen und den Zopf damit bestreichen. Das Backblech im unteren Drittel in den vorgeheizten Backofen schieben. Den Hefezopf **etwa 25 Minuten backen**.

10_ Das Backblech auf einen Kuchenrost stellen. Den Hefezopf erkalten lassen. Wasser und Konfitüre in einem kleinen Topf verrühren, kurz aufkochen und den Hefezopf damit bestreichen.

Kuchen & Torten

50 Minuten, ohne Kühlzeit
Backzeit: 35–40 Minuten

10 Stücke

E: 5 g, F: 20 g, Kh: 53 g,
kJ: 1723, kcal: 411, BE: 4,5

TARTE
NACH „LINZER ART"

FÜR DEN KNETTEIG:
200 g Dinkelmehl (Type 630)
1 TL gesiebtes Kakaopulver
75 g Voll-Rohrzucker
1 Prise Salz
100 g gem. Walnuss- oder Haselnusskerne
150 g feste, vegane Margarine
1 EL Wasser

FÜR DIE FÜLLUNG:
450 g schwarze Johannisbeerkonfitüre

ZUSÄTZLICH:
1 Tarteform mit Hebeboden (Ø etwa 24 cm)
etwas vegane Margarine
etwas Mehl

1_ Für den Knetteig Dinkelmehl mit Kakao, Zucker, Salz und gemahlenen Nusskernen in einer Rührschüssel mischen. Margarine in kleinen Stückchen hinzufügen.

2_ Die Zutaten mit einem Mixer (Knethaken) zunächst kurz auf niedrigster, dann auf höchster Stufe gut durcharbeiten, dabei zum Schluss das Wasser hinzufügen. Anschließend auf einer leicht bemehlten Arbeitsfläche kurz zu einem Teig verkneten. Den Teig in Frischhaltefolie gewickelt etwa 1 Stunde in den Kühlschrank legen.

3_ Den Backofen vorheizen.
Ober-/Unterhitze: etwa 180 °C
Heißluft: etwa 160 °C

4_ Zwei Drittel des Teiges auf einer leicht bemehlten Arbeitsfläche zu einer runden Platte (Ø etwa 28 cm) ausrollen. Die Tarteform (gefettet, gemehlt) mit der Teigplatte auslegen, überstehenden Teig abschneiden.

5_ Die Johannisbeerkonfitüre gleichmäßig in der Tarteform verteilen. Restlichen und abgeschnittenen Teig zu einer 1 cm dicken Rolle formen, in lange Stücke schneiden und gitterförmig auf die Konfitüre legen.

6_ Die Form auf dem Rost in den vorgeheizten Backofen schieben. Die Tarte **35–40 Minuten backen**.

7_ Die Tarteform auf einen Kuchenrost stellen. Die Tarte erkalten lassen und dann vorsichtig aus der Form lösen.

→ TIPPS:
Am besten ist es, die Tarte nach dem Backen etwa 12 Stunden stehen zu lassen und dann erst anzuschneiden.
Die erkaltete, gut verpackte Tarte hält sich kühl und trocken gelagert, etwa 1 Woche.
Statt Johannisbeerkonfitüre Himbeerkonfitüre verwenden.

25 Minuten, ohne Abkühl- und Kühlzeit
Backzeit: etwa 15 Minuten

16 Stücke

E: 2 g, F: 3 g, Kh: 21 g,
kJ: 511, kcal: 121, BE: 1,5

ERDBEERROLLE
MIT SEIDENTOFU

FÜR DEN TEIG:
130 g Weizenmehl
2 TL Dr. Oetker Backin
50 g Ei-Ersatzpulver
    (z. B. von 3 Pauly)
250 ml kaltes Wasser
2 EL Zitronensaft
130 g Roh-Rohrzucker
2 EL Sonnenblumenöl

FÜR DIE FÜLLUNG:
400 g Erdbeeren
2 Bio-Orangen (unbehandelt,
    ungewachst)
20 g Roh-Rohrzucker
1 Msp. gem. Ingwer
1 TL Agar-Agar (etwa 4 g)
200 g abgetropfter Seidentofu

20 g Puderzucker
    zum Bestäuben

ZUSÄTZLICH:
1 Backblech (etwa 30 x 40 cm)
Backpapier
10 g Roh-Rohrzucker
    zum Bestreuen

1_ Den Backofen vorheizen.
Ober-/Unterhitze: etwa 180 °C
Heißluft: etwa 160 °C

2_ Für den Teig Mehl mit Backpulver vermischen. Ei-Ersatzpulver und Wasser in eine Rührschüssel geben, mit einem Mixer (Rührstäbe) kurz glatt rühren, dann auf höchster Stufe 1 Minute aufschlagen. Zitronensaft, Zucker und Öl dazugeben. Das Ganze nochmals 1 Minute aufschlagen. Mehlgemisch kurz unterrühren.

3_ Den Teig auf ein Backblech (gefettet, mit Backpapier belegt) geben und glatt streichen. Das Backblech auf mittlerer Einschubleiste in den vorgeheizten Backofen schieben. Die Teigplatte **etwa 15 Minuten backen**.

4_ Einen Bogen Backpapier mit dem Zucker bestreuen. Die Gebäckplatte sofort nach dem Backen daraufstürzen und mitgebackenes Backpapier vorsichtig abziehen. Die Gebäckplatte erkalten lassen. Den trockenen Rand der Gebäckplatte rundherum abschneiden.

5_ Inzwischen für die Füllung die Erdbeeren abspülen, abtropfen lassen, entstielen und fein würfeln. Eine Orange heiß abwaschen, trocken tupfen, die Hälfte der Schale fein reiben und zu den Erdbeerwürfeln geben. Beide Orangen halbieren und auspressen. 2 Esslöffel Saft mit Zucker und Ingwer unter die Erdbeerwürfeln mischen, etwa 15 Minuten stehen lassen.

6_ Erdbeerwürfel abtropfen lassen, dabei den Saft auffangen, mit restlichem Orangensaft auf 200 ml auffüllen. Saft mit Agar-Agar verrühren, unter Rühren zum Kochen bringen und 1 Minute kochen. Geliermischung abkühlen lassen, bis sie lauwarm ist, aber noch nicht geliert. Tofu fein würfeln, mit den Erdbeeren unterheben.

7_ Die Erdbeerfüllung sofort auf der Platte verstreichen, dabei an einer Längsseite einen 2 cm breiten Rand frei lassen. Die Platte mithilfe des Backpapiers von der längeren, bestrichenen Seite aus aufrollen, sodass die offene Längsseite oben liegt. Die Biskuitrolle in das Backpapier einwickeln, das Backpapier an beiden Enden wie ein Bonbon zusammendrehen. Die Rolle mit dem Backpapier für mindestens 1 Stunde in den Kühlschrank legen.

8_ Zum Servieren die Rolle aus dem Backpapier wickeln, mit der „Naht" nach unten auf eine Platte legen und mit Puderzucker bestäuben.

| 30 Minuten, ohne Abkühlzeit Backzeit: etwa 40 Minuten | 12 Stücke | E: 4 g, F: 15 g, Kh: 36 g, kJ: 1251, kcal: 297, BE: 3,0 |

APFELMUSKUCHEN
MIT KIRSCHEN

ZUM VORBEREITEN:
110 g getrocknete Kirschen

FÜR DEN ALL-IN-TEIG:
200 g Weizenmehl (Type 405)
2 gestr. TL Dr. Oetker Backin
50 g abgezogene, gem. Mandeln
1 Msp. gem. Zimt
130 g Voll-Rohrzucker
1 Pck. Dr. Oetker Vanillin-Zucker
100 ml Keim- oder Sonnenblumenöl
30 ml ungesüßter Mandeldrink (natur)
200 g Apfelmus

FÜR DEN BELAG:
30 g vegane Margarine
20 g Voll-Rohrzucker
50 g gehobelte Mandeln

ZUSÄTZLICH:
1 Springform (Ø 26 cm)
Backpapier

1_ Den Backofen vorheizen.
Ober-/Unterhitze: etwa 180 °C
Heißluft: etwa 160 °C

2_ Zum Vorbereiten die Kirschen im Blitzhacker grob hacken. 80 g davon für den Teig abwiegen. Die restlichen gehackten Kirschen für den Belag beiseitestellen.

3_ Für den Teig Mehl mit Backpulver, Mandeln und Zimt in einer Rührschüssel mischen. Zucker, Vanillin-Zucker, Keim- oder Sonnenblumenöl, Mandeldrink und Apfelmus hinzugeben. Die Zutaten mit einem Mixer (Rührstäbe) zunächst kurz auf niedrigster, dann auf höchster Stufe in etwa 1 Minute zu einem glatten Teig verarbeiten. Kirschen unterrühren.

4_ Den Teig in die Springform (mit Backpapier belegt) füllen und glatt streichen.

5_ Für den Belag Margarine und Zucker in einem Topf unter Rühren erhitzen, bis die Margarine geschmolzen ist. Den Topf von der Kochstelle nehmen. Die Mandeln und die beiseitegestellten gehackten Kirschen unterheben. Die Belagmasse mit einem Teelöffel auf dem Teig verteilen und leicht verstreichen.

6_ Die Form auf dem Rost auf mittlerer Einschubleiste in den vorgeheizten Backofen schieben. Den Kuchen **etwa 40 Minuten backen**.

7_ Die Form aus dem Backofen nehmen und auf einen Kuchenrost stellen. Den Kuchen etwa 10 Minuten abkühlen lassen. Dann den Springformrand mit einem Messer lösen und entfernen. Den Kuchen erkalten lassen.

8_ Zum Servieren den Kuchen auf eine Tortenplatte umsetzen, dabei das Backpapier entfernen.

30 Minuten, ohne Abkühlzeit
Backzeit: 50–55 Minuten

12 Stücke

E: 4 g, F: 15 g, Kh: 44 g,
kJ: 1406, kcal: 335, BE: 3,5

CRANBERRY-SESAM-RÜHRKUCHEN

ZUM VORBEREITEN:
50 g geschälte Sesamsamen
100 g getrocknete Cranberrys

FÜR DEN RÜHRTEIG:
10 g Leinmehl (aus dem Reformhaus oder Bio-Laden)
120 ml Wasser
180 g vegane Margarine (zimmerwarm)
170 g Voll-Rohrzucker
1 Pck. Dr. Oetker Vanillin-Zucker
1 Prise Salz
300 g Weizenmehl (Type 550)
30 g Weichweizengrieß
4 gestr. TL Dr. Oetker Backin
70 ml Mineralwasser mit Kohlensäure

FÜR DEN GUSS:
30 g Puderzucker
1–2 TL Cranberry-Nektar

ZUSÄTZLICH:
1 Kastenform (etwa 25 x 11 cm)
etwas vegane Margarine
1 EL Sesamsamen

1_ Die Form fetten, mit Sesam ausstreuen und in den Kühlschrank stellen.

2_ Zum Vorbereiten Sesam in einer Pfanne ohne Fett unter Rühren goldbraun rösten, dann auf einen Teller geben. Cranberrys in einem Blitzhacker grob hacken.

3_ Den Backofen vorheizen.
Ober-/Unterhitze: etwa 180 °C
Heißluft: etwa 160 °C

4_ Für den Teig Leinmehl mit Wasser in einem Rührbecher mit einem Mixer (Rührstäbe) erst verrühren, dann zu einem Brei aufschlagen.

5_ Die Margarine in einer Rührschüssel mit dem Mixer (Rührstäbe) auf höchster Stufe geschmeidig rühren. Nach und nach Zucker, Vanillin-Zucker und Salz unterrühren. So lange rühren, bis eine lockere, gebundene Masse entstanden ist. Aufgeschlagenen Leinmehlbrei kurz unterrühren, bis eine einheitliche Masse entstanden ist.

6_ Mehl mit Grieß und Backpulver mischen, die Hälfte davon kurz unterrühren. Dann Mineralwasser und restliches Mehlgemisch dazugeben, ebenfalls kurz unterrühren. Sesam und Cranberrys kurz unterrühren.

7_ Den Teig in die vorbereitete Form füllen und glatt streichen. Die Form auf dem Rost auf mittlerer Einschubleiste in den vorgeheizten Backofen schieben. Den Kuchen **etwa 30 Minuten backen**. Dann die Backofentemperatur um etwa 20 °C auf Ober-/Unterhitze: etwa 160 °C, Heißluft: etwa 160 °C herunterschalten. Den Kuchen **weitere 20–25 Minuten backen**.

8_ Die Form auf einen Kuchenrost stellen. Den Kuchen etwa 10 Minuten abkühlen lassen, dann aus der Form stürzen und auf dem Kuchenrost erkalten lassen.

9_ Für den Guss Puderzucker mit Cranberry-Nektar verrühren. Den Zuckerguss mit einem Teelöffel auf den Rührkuchen träufeln.

Kuchen & Torten

⏱ 35 Minuten, ohne Abkühlzeit
Backzeit: etwa 35 Minuten

12 Stücke

⚖ E: 5 g, F: 20 g, Kh: 33 g,
kJ: 1420, kcal: 338, BE: 3,0

MOHNKUCHEN
MIT DATTELN

ZUM VORBEREITEN:
100 g entsteinte Datteln
1 Bio-Limette (unbehandelt, ungewachst)
50 ml Wasser

FÜR DEN RÜHRTEIG:
30 g Ei-Ersatzpulver (z. B. von 3 Pauly)
120 ml Wasser
180 g vegane Margarine (zimmerwarm)
120 g Voll-Rohrzucker
1 Prise Salz
150 g gem. Mohn
30 g gem. Mandeln
150 g Weizenmehl (Type 550)
4 gestr. TL Dr. Oetker Backin

ZUM FÜLLEN:
120 g Pflaumenmus oder Orangenmarmelade

ZUM BESTÄUBEN:
1 EL Puderzucker

ZUSÄTZLICH:
1 Springform (Ø 26 cm)
Backpapier

1_ Zum Vorbereiten Datteln grob hacken und in einen kleinen Topf geben. Limette heiß abwaschen, abtrocknen. Die Schale fein abreiben und zu den Datteln geben. Limette halbieren und auspressen. 2 Esslöffel vom Limettensaft und das Wasser zu den Datteln geben.

2_ Das Ganze zugedeckt bei mittlerer Hitze aufkochen. Topf von der Kochstelle nehmen. Dattelmischung etwa 10 Minuten stehen lassen, dann pürieren und etwas abkühlen lassen.

3_ Den Backofen vorheizen.
Ober-/Unterhitze: etwa 180 °C
Heißluft: etwa 160 °C

4_ Für den Teig Ei-Ersatzpulver und Wasser in einem Rührbecher mit einem Mixer (Rührstäbe) erst verrühren, dann schaumig aufschlagen.

5_ Margarine in einer Rührschüssel mit dem Mixer (Rührstäbe) auf höchster Stufe verrühren. Dann Zucker und Salz unterrühren, bis eine gebundene, lockere Masse entstanden ist. Aufgeschlagene Ei-Ersatz-Masse unterrühren. Dattelpüree kurz unterrühren. Mohn mit Mandeln, Mehl und Backpulver mischen, kurz unterrühren.

6_ Den Teig in die Springform (mit Backpapier belegt) füllen und glatt streichen. Die Form auf dem Rost auf mittlerer Einschubleiste in den vorgeheizten Backofen schieben. Kuchen **etwa 25 Minuten backen**. Dann die Backofentemperatur um etwa 20 °C auf Ober-/Unterhitze: etwa 160 °C, Heißluft: etwa 140 °C herunterschalten. Den Mohnkuchen **weitere etwa 10 Minuten backen**.

7_ Die Form auf einen Kuchenrost stellen. Nach etwa 10 Minuten den Springformrand mit einem Messer lösen und entfernen. Den Mohnkuchen auf dem Rost erkalten lassen.

8_ Den Kuchen vom Springformboden nehmen und das Backpapier entfernen. Den Kuchen mit einem Sägemesser waagerecht halbieren. Unteren Boden mit der Konfitüre oder Marmelade bestreichen. Oberen Boden wieder auflegen. Kuchen auf eine Tortenplatte setzen.

9_ Zum Bestäuben z.B. einen Kuchenrost oder eine Schablone auf den Kuchen legen. Dann den Kuchen mit Puderzucker bestäuben. Kuchenrost oder Schablone vorsichtig entfernen.

50 Minuten, ohne Kühlzeit
Backzeit: 40–45 Minuten

10 Stücke

E: 9 g, F: 21 g, Kh: 12 g,
kJ: 1156, kcal: 276, BE: 1,0

BROKKOLI-MANDEL-TARTE

FÜR DEN KNETTEIG:
100 g Weizenmehl (Type 550)
100 g gem. Mandeln
1 EL Melasse-Würz-Hefeflocken
½ TL Salz
100 g feste, vegane Margarine
2–3 EL Wasser

FÜR DIE FÜLLUNG:
500 g Brokkoli (etwa 250 g Brokkoliröschen)
1 kleine Zwiebel
3 EL Olivenöl

400 g Seidentofu
150 ml ungesüßter Mandeldrink (natur)
1 EL Melasse-Würz-Hefeflocken
½ TL Salz
gem. Pfeffer
ger. Muskatnuss
50 g gehobelte Mandeln

ZUSÄTZLICH:
1 Tarteform (Ø 28 cm)
etwa vegane Margarine

1_ Für den Knetteig Mehl mit Mandeln, Würzhefeflocken und Salz in einer Rührschüssel mischen. Margarine in kleinen Flocken hinzufügen. Die Zutaten mit einem Mixer (Knethaken) zunächst kurz auf niedrigster, dann auf mittlerer Stufe gut durcharbeiten, dabei zum Schluss das Wasser hinzufügen. Anschließend auf einer leicht bemehlten Arbeitsfläche kurz zu einem Teig verkneten. Den Teig in Frischhaltefolie gewickelt etwa 1 Stunde in den Kühlschrank legen.

2_ Für die Füllung vom Brokkoli kleine Röschen vom Strunk schneiden. Den Strunk schälen und etwa 100 g davon fein würfeln. Zwiebel abziehen und fein würfeln. Das Öl in einer Pfanne erhitzen. Zwiebel- und Strunkwürfel darin andünsten.

3_ Den Backofen vorheizen.
Ober-/Unterhitze: etwa 180 °C
Heißluft: etwa 160 °C

4_ Den Teig auf einer leicht bemehlten Arbeitsfläche zu einer runden Platte (Ø etwa 30 cm) ausrollen und in die Tarteform (gefettet) legen.

5_ Seidentofu in Stücke zupfen, mit Mandeldrink und Würzhefeflocken pürieren. Die Tofumasse mit Salz, Pfeffer und Muskatnuss würzen. Brokkoliröschen, Mandeln und Zwiebelmischung unter die Tofumasse rühren. Die Füllung gleichmäßig auf dem Teig verteilen. Die Form auf dem Rost auf mittlerer Einschubleiste in den vorgeheizten Backofen schieben. Brokkolitarte **40–45 Minuten backen**.

6_ Die Tarte in der Form auf einem Kuchenrost etwas abkühlen lassen und servieren oder erkalten lassen und dann servieren.

→ TIPPS:
Wenn Sie eine Tarteform mit herausnehmbaren Boden verwenden, dann können Sie die Tarte nach der Abkühlzeit gut aus der Form lösen. Haben Sie keine entsprechende Form und möchten die Tarte nicht in der Form servieren: Dann legen Sie die Form mit Backpapier aus, das über den Tarterand hinausragt. So können Sie die gebackene Tarte mit 4 Händen leicht aus der Form heben.

Würzig & Pikant

25 Minuten, ohne Abkühlzeit
Backzeit: etwa 35 Minuten

9 Stück

E: 5 g, F: 11 g, Kh: 19 g,
kJ: 818, kcal: 195, BE: 1,5

PORREEKÜCHLEIN

ZUM VORBEREITEN:
320 g Porree (Lauch)
2 EL Olivenöl
1 TL getr. Thymian
½ TL getr. Rosmarin
Salz
1 gestr. TL Sambal Oelek

FÜR DEN ALL-IN-TEIG:
75 g Maisgrieß (Polenta)
120 g Weizenmehl (Type 550)
1½ TL Leinmehl (etwa 7–8 g)
4 gestr. TL Dr. Oetker Backin
knapp 1 TL Salz
40 g Sonnenblumenkerne
70 ml ungesüßter Haferdrink (natur)
2 TL Obstessig
30 ml Olivenöl
100 ml Mineralwasser mit Kohlensäure

ZUM BESTREUEN:
20 g Sonnenblumenkerne

ZUSÄTZLICH:
9 ofenfeste Sturzgläser (je etwa 150 ml Inhalt)
etwas vegane Margarine

1_ Zum Vorbereiten Porree putzen, die Stangen längs halbieren, gründlich waschen und abtropfen lassen. Porree in feine Streifen schneiden. Das Öl in einem Topf erhitzen. Porree hinzugeben. Thymian und Rosmarin unterrühren. Porree zugedeckt etwa 3 Minuten dünsten, mit Salz und Sambal Oelek würzen. Porree etwas abkühlen lassen.

2_ Den Backofen vorheizen.
Ober-/Unterhitze: etwa 180 °C
Heißluft: etwa 160 °C

3_ Für den Teig Grieß mit Weizenmehl, Leinmehl und Backpulver in einer Schüssel mischen. Salz, Sonnenblumenkerne, Haferdrink, Essig, Öl und Mineralwasser mit einem Löffel unterrühren. Zum Schluss kurz den Porree unterrühren. Die Teigmasse gleichmäßig in den Gläsern (gefettet) verteilen. Die Sturzgläser mit etwa Abstand auf ein Backblech stellen.

4_ Das Backblech auf mittlerer Einschubleiste in den vorgeheizten Backofen schieben. Die Küchlein **etwa 35 Minuten backen.**

→ **TIPPS:**

Die Porreeküchlein schmecken warm und kalt. Nach etwa 5 Minuten Abkühlzeit können Sie die Küchlein auch aus den Gläsern stürzen. Dazu die Küchlein mit einem Messer vom Glasrand lösen. Alternativ können Sie die Porreeküchlein in einer Muffinform (gefettet, für 12 Muffins) etwa 30 Minuten backen.

Würzig & Pikant

45 Minuten, ohne Abkühlzeit
Teiggehzeit: etwa 50 Minuten
Backzeit: etwa 25 Minuten

12 Stück

E: 2 g, F: 12 g, Kh: 34 g,
kJ: 1165, kcal: 278, BE: 3,0

NUSS-BRÖTCHEN-RAD

FÜR DEN TEIG:
75 g vegane Margarine
500 g Weizenmehl (Type 1050)
1 Pck. Dr. Oetker Trockenbackhefe
25 g Roh-Rohrzucker
1 gestr. TL Salz
250 ml ungesüßter Sojadrink (natur)
je 30 g gem. Pistazien-, Walnuss- und Haselnusskerne

ZUM BESTREICHEN UND BESTREUEN:
50 ml Wasser
½ TL Speisestärke
25 g Mohnsamen
25 g Sesamsamen

ZUSÄTZLICH:
1 Backblech
Backpapier

1_ Für den Teig die Margarine zerlassen. Mehl in eine Rührschüssel geben und mit der Trockenbackhefe vermischen. Rohrzucker, Salz, Sojadrink und zerlassene Margarine hinzufügen.

2_ Die Zutaten mit einem Mixer (Knethaken) zunächst kurz auf niedrigster, dann auf höchster Stufe in etwa 5 Minuten zu einem glatten Teig verarbeiten. Den Teig zugedeckt so lange an einem warmen Ort gehen lassen, bis er sich sichtbar vergrößert hat (etwa 30 Minuten).

3_ In der Zwischenzeit zum Bestreichen Wasser mit Speisestärke in einem kleinen Topf verrühren und unter Rühren kurz aufkochen lassen. Die Flüssigkeit erkalten lassen.

4_ Den Teig dritteln und jede Portion mit einer Sorte Nusskerne verkneten. Jede Portion zu jeweils 4 runden Teigbrötchen formen. 4 Teigbrötchen in die Mitte des Backbleches (mit Backpapier belegt) aneinandersetzen (nicht zu dicht). Die restlichen Teigbrötchen nicht zu eng kreisförmig darumsetzen.

5_ Die Teigbrötchen mit der Speisestärke-Flüssigkeit bestreichen und im Wechsel mit Mohn und Sesam bestreuen. Die Brötchen nochmals zugedeckt so lange an einem warmen Ort gehen lassen, bis sie sich sichtbar vergrößert haben (etwa 20 Minuten).

6_ Den Backofen vorheizen.
Ober-/Unterhitze: etwa 180 °C
Heißluft: etwa 160 °C

7_ Das Backblech auf mittlerer Einschubleiste in den vorgeheizten Backofen schieben. Das Brötchenrad **etwa 25 Minuten backen**.

8_ Das Brötchenrad mit dem Backpapier vom Backblech auf einen Kuchenrost ziehen und erkalten lassen.

Würzig & Pikant

35 Minuten
Teiggehzeit: etwa 45 Minuten
Backzeit: 12–15 Minuten

4 Portionen

E: 11 g, F: 16 g, Kh: 63 g,
kJ: 1904, kcal: 454, BE: 5,0

RATATOUILLE-PIZZA

FÜR DEN HEFETEIG:
250 g Weizenmehl
15 g frische Hefe
125 ml warmes Wasser
1 EL Zucker
Salz
2 EL Olivenöl

FÜR DEN BELAG:
2 rote Paprikaschoten
1 Zucchini
2 rote Zwiebeln
2 Knoblauchzehen
2 EL Olivenöl
1 Msp. Chilipulver
250 ml Tomatensaft

50 g abgetropfte Kapernäpfel
50 g abgetropfte, schwarze Oliven
1 Bund Basilikum

ZUSÄTZLICH:
1 Backblech (etwa 30 x 40 cm)
etwas vegane Margarine

1_ Für den Teig Mehl in eine Rührschüssel geben. In die Mitte eine Vertiefung eindrücken und die Hefe hineinbröckeln. Wasser, Zucker, 1 Prise Salz und das Olivenöl hinzufügen. Die Zutaten mit einem Mixer (Knethaken) zu einem glatten Teig verarbeiten. Den Teig auf der bemehlten Arbeitsfläche nochmals kräftig durchkneten und zugedeckt an einem warmen Ort gehen lassen, bis er sich sichtbar vergrößert hat (etwa 45 Minuten).

2_ In der Zwischenzeit für den Belag die Paprikaschoten halbieren, entstielen, entkernen und die weißen Scheidewände entfernen. Schoten abspülen, abtropfen lassen und in etwa 1 cm große Würfel schneiden. Zucchini abspülen, abtrocknen und die Enden abschneiden. Zucchini ebenfalls in etwa 1 cm große Würfel schneiden. Die Zwiebeln abziehen und klein würfeln. Knoblauch abziehen und durch eine Knoblauchpresse drücken.

3_ Olivenöl in einer Pfanne erhitzen. Das vorbereitete Gemüse mit den Zwiebel- und Knoblauchwürfeln darin unter Rühren andünsten. Gemüse mit Chili und Salz würzen. Tomatensaft hinzugießen und das Ganze aufkochen lassen.

4_ Den Backofen vorheizen.
Ober-/Unterhitze: etwa 240 °C
Heißluft: etwa 220 °C

5_ Gegangenen Teig auf einer bemehlten Arbeitsfläche zu einem Rechteck (etwa 30 x 40 cm) ausrollen und auf das Backblech (gefettet) legen. Das Ratatouille-Gemüse darauf verteilen. Das Backblech auf mittlerer Einschubleiste in den vorgeheizten Backofen schieben. Die Pizza **12–15 Minuten backen**.

6_ Backblech auf einen Rost stellen. Die Pizza mit Kapernäpfeln und Oliven belegen. Basilikum abspülen und trocken tupfen. Basilikumblättchen auf der Pizza verteilen. Pizza servieren.

Würzig & Pikant

1 Stunde, ohne Ruhe- und Abkühlzeit
Backzeit: etwa 25 Minuten

6 Stück

E: 11 g, F: 20 g, Kh: 53 g, kJ: 1872, kcal: 447, BE: 4,5

KLEINE STRUDEL
MIT SÜßKARTOFFELN

FÜR DEN TEIG:
180 g Dinkelmehl (Type 630)
1 Prise Salz
90 ml lauwarmes Wasser
3 EL Speiseöl, z. B. Sonnenblumenöl

FÜR DIE FÜLLUNG:
700 g Süßkartoffeln (etwa 4 Stück)
150 g Frühlingszwiebeln
100 g geröstete, gesalzene Erdnusskerne
Salz, gem. Pfeffer
1 TL gem. Koriander
1 Msp. Cayennepfeffer
einige Spritzer Zitronensaft

ZUM BESTREICHEN:
3 EL Sonnenblumenöl

ZUSÄTZLICH:
1 Backblech, Backpapier

1_ Für den Teig Mehl in eine Rührschüssel geben, in die Mehlmitte eine Mulde drücken. Restliche Teigzutaten in die Mulde geben, mit dem Mixer (Knethaken) erst kurz auf niedrigster, dann auf höchster Stufe zu einem Teig verarbeiten. Den Teig auf der Arbeitsfläche (nicht bemehlt) etwa 5 Minuten kneten.

2_ Den Teig in einen Gefrierbeutel geben. Den Beutel verschließen und den Teig etwa 1 Stunde bei Zimmertemperatur ruhen lassen.

3_ Für die Füllung die Süßkartoffeln waschen, wie Pellkartoffeln knapp mit Wasser bedeckt in einem Topf zum Kochen bringen. Kartoffeln zugedeckt in etwa 20 Minuten knapp gar kochen. Kartoffeln mit kaltem Wasser abschrecken, abtropfen und erkalten lassen, dann pellen.

4_ Frühlingszwiebeln putzen, abspülen, abtropfen lassen und schräg in feine Scheiben schneiden. Die Erdnüsse grob hacken. Kartoffeln in etwa 1 cm große Würfel schneiden, mit Frühlingszwiebeln und Erdnüssen vermischen. Die Füllung mit Salz, Pfeffer, Koriander, Cayennepfeffer und Zitronensaft abschmecken.

5_ Den Backofen vorheizen.
Ober-/Unterhitze: etwa 180 °C
Heißluft: etwa 160 °C

6_ Den Teig nochmals (ohne Mehl) kurz kneten, zu einer Rolle formen und in 6 gleich große Stücke teilen. 5 Teigstücke wieder in den Gefrierbeutel legen. Das 6. Teigstück auf der bemehlten Arbeitsfläche so zu einem Rechteck (etwa 30 x 20 cm) ausrollen, dass die kurze Seite unten ist. Den Teig mit etwas vom Öl bestreichen.

7_ Die Füllung in 6 Portionen teilen. 1 Portion davon auf den unteren zwei Dritteln des Teigrechteckes verteilen. Dabei einen etwa 3 cm breiten Rand an den Seiten frei lassen. Den Teig von der kurzen, belegten Seite aus von unten nach oben aufrollen. Die Enden der Rolle nach unten einschlagen. Die Rolle auf das Backblech (mit Backpapier belegt) legen. Restlichen Teig und restliche Füllung auf die gleiche Weise zu 5 weiteren Strudeln verarbeiten.

8_ Die Strudel ebenfalls auf das Backblech legen, mit dem restlichen Öl bestreichen. Das Backblech auf mittlerer Einschubleiste in den vorgeheizten Backofen schieben. Die Strudel **etwa 25 Minuten backen**. Strudel heiß oder lauwarm servieren.

| 50 Minuten, ohne Auftau- und Kühlzeit Backzeit: etwa 1 Stunde | 12 Stücke | E: 13 g, F: 16 g, Kh: 22 g, kJ: 1213, kcal: 290, BE: 2,0 |

SPINAT-QUICHE

ZUM VORBEREITEN:
600 g TK-Blattspinat

FÜR DEN TEIG:
50 g Polenta (Maisgrieß)
250 g Weizenmehl (Type 550)
1 TL Salz
1 Prise Pfeffer
125 g vegane Margarine
2–3 EL kaltes Wasser

FÜR DIE FÜLLUNG:
2 kleine Zwiebeln
2 Knoblauchzehen
4 EL Olivenöl
25 g Sojamehl (getoastet)
100 ml ungesüßter Haferdrink (natur)
400 g Seidentofu
175 g Räuchertofu
200 g Tofu (natur)
1 EL Polenta (Maisgrieß)
1–2 TL Salz
Pfeffer
1–2 Msp. ger. Muskatnuss

ZUSÄTZLICH:
1 Springform (Ø 26 cm)
etwas vegane Margarine

1_ Zum Vorbereiten den Spinat nach Packungsanleitung auftauen lassen.

2_ Für den Teig Polenta mit Mehl, Salz und Pfeffer in einer Rührschüssel mischen. Margarine in Flöckchen dazugeben. Die Zutaten mit einem Mixer (Knethaken) zunächst kurz auf niedrigster, dann auf höchster Stufe gut durcharbeiten. Wasser zugeben und dann auf einer leicht bemehlten Arbeitsfläche kurz zu einer Teigkugel verkneten. Die Teigkugel in Frischhaltefolie gewickelt 1–2 Stunden in den Kühlschrank legen.

3_ Zwei Drittel des Teiges auf dem Boden der Springform (Boden gefettet) ausrollen. Den Springformrand darumstellen. Restlichen Teig zu einer langen Rolle formen, auf den Teigboden legen und dann so an die Form drücken, dass ein etwa 4 cm hoher Rand entsteht.

4_ Für die Füllung Zwiebeln und Knoblauch abziehen und fein würfeln. Das Öl in einer Pfanne erhitzen. Zwiebel- und Knoblauchwürfel darin goldgelb dünsten, Sojamehl unterrühren. Haferdrink unterrühren. Die Zutaten aufkochen, dabei darauf achten, dass keine Klümpchen entstehen. Dann die Zwiebelmischung beiseitestellen.

5_ Den Backofen vorheizen.
Ober-/Unterhitze: etwa 180 °C
Heißluft: etwa 160 °C

6_ Aufgetauten Spinat in einem Sieb sehr gut abtropfen lassen. Seidentofu in einem hohen Rührbecher pürieren. Räuchertofu und Tofu mit den Händen zerbröseln, in eine Schüssel geben. Spinat etwas kleiner schneiden, mit allen Tofusorten, beiseitegestellter Zwiebelmischung und Polenta vermengen. Die Füllung mit Salz, Pfeffer und Muskatnuss kräftig würzen, gleichmäßig in der Springform verteilen.

7_ Die Form auf dem Rost im unteren Drittel in den vorgeheizten Backofen schieben. Die Quiche **etwa 1 Stunde backen**.

8_ Die Form auf einen Kuchenrost stellen. Quiche etwas abkühlen lassen. Dann den Springformrand lösen und entfernen. Quiche lauwarm servieren.

→ TIPPS:

Möchten Sie auf den Knoblauch verzichten, rösten Sie etwa 2 Esslöffel Sesamsamen mit den Zwiebeln an. Die Spinat-Quiche schmeckt lauwarm oder kalt.

RATGEBER

Auch in der veganen Backstube gelingen Ihnen leckere Kuchen, Torten und pikante Gebäcke.
Einige Tipps und Hinweise gilt es zwar zu beachten, aber wenn Sie diese kennen, sind Vielfalt und Kreativität in Zukunft keine Grenzen mehr gesetzt.

Vegane Zutaten einkaufen
Inzwischen bieten viele Supermärkte eine große Palette an veganen Backzutaten an. Aber auch in Drogerie-Märkten, Bioläden, Reformhäusern und natürlich im Internet lässt sich Neues entdecken.

Spezielle Backzutaten bzw. Ersatzprodukte
Viele Rezepte in diesem Buch gelingen ohne Ersatzprodukte.
Wenn Sie Ersatzprodukte, wie z.B. Sahne zum Aufschlagen oder Ei-Ersatzpulver verwenden, dann lesen Sie die Packungsanleitung bitte ganz genau. Jeder Hersteller verarbeitet unterschiedliche Inhaltsstoffe in seinen Produkten, sodass das Backergebnis jedes Mal anders aussehen und schmecken kann.

Butter und Margarine: Gute Alternativen können vegane Margarine oder Pflanzenöl sein. Allerdings gibt es bei den veganen Margarinen große Unterschiede. Vegane Streichfette sind z.B. nur bedingt zum Backen geeignet. Ideal sind feste, vegane Margarinen mit einem Fettanteil von 80%. Diese eignen sich dann auch zur Zubereitung von „Butter"-Cremes.

Eier ersetzen: In unseren getesteten Rezepten haben wir Ei-Ersatzpulver der Firma 3 Pauly verwendet. Aber auch Apfelmus oder eine reife Banane eignen sich in süßen Gebäcken. Des Weiteren können getoastetes Sojamehl oder Leinmehl einen Teil der Ei-Bindeeigenschaften übernehmen. Lesen Sie bitte auch hier in jedem Fall vor der Verwendung die Zubereitungsanleitungen auf den Packungen.

Geliermittel: Als Gelatineersatz eignet sich Agar-Agar. Dieses genau abwiegen und nach Packungs- bzw. Rezeptanleitung verarbeiten. **Wichtig:** Agar-Agar beginnt bei 35–40 °C zu gelieren. Gibt man z.B. gekühlte Zutaten in eine etwas abgekühlte, mit Agar-Agar angedickte Masse, wird diese sehr schnell fest. Ist eine Masse zu schnell fest geworden, dann kann sie bei schwacher Hitze wieder erwärmt werden, bis sie wieder flüssiger ist. Beim Abkühlen wird die Masse wieder fest.

Milch- und Milchprodukte ersetzen: Statt Milch können milchähnliche Drinks aus Soja, Hafer, Reis, Dinkel, Mandeln oder Kokos verwendet werden. Probieren Sie unterschiedliche Drinks aus, da sich diese im Geschmack stark unterscheiden.
Für Quark ist geschmacksneutraler Tofu (ohne Räucheraroma und Gewürze) in süßen Gebäcken ein guter Ersatz. Vor allem der feine Seidentofu eignet sich für „Käse"-Massen. Räuchertofu gibt pikanten Gebäcken den perfekten Geschmack. Joghurt kann durch Soja-„Joghurt" ausgetauscht werden.

Etwas komplizierter ist es mit dem Ersatz von Sahne. Die meisten sahneähnlichen Produkte sind aus Soja. Möchten Sie vegane „Sahne" aufschlagen, dann achten Sie darauf, dass auf der Packung der Hinweis: „Aufschlagbar mit Sahnestandmittel" zu finden ist. Außerdem muss sie vor dem Aufschlagen gut gekühlt werden.

Zucker und Honig: Zum Backen bietet sich z.B. der dunklere Voll-Rohrzucker mit seinem intensiveren Karamellgeschmack an. Oder Sie verwenden den helleren Roh-Rohrzucker. Agavendicksaft und Ahornsirup sind beliebte Honigersatz-Süßungsmittel. Aber auch getrocknete und pürierte Datteln oder Feigen machen sich gut.

Zubereitung und Backen veganer Teige und Kuchen

Die Verwendung veganer Zutaten erfordert nicht nur eine genaue Kenntnis der Produkte, sondern auch etwas Erfahrung in der Zubereitung. Gut ist es, Rezepte erst einmal auszuprobieren, bevor man sie auf der Kaffeetafel serviert.
So finden Sie auch Ihre Lieblingsrezepte heraus.

Intensiver abschmecken: Süße vegane Teige und Füllungen immer etwas kräftiger mit Zitronenschale, Ingwer, Zimt, Vanille oder Aromen würzen. Pikantes kräftig mit Kräutern würzen.

Backen: Wie bei herkömmlichen Rezepten sollten Sie auch hier den Kuchen im Backofen immer im „Auge" behalten. Jeder Backofen ist anders und so sind die angegebenen Backzeiten nur Orientierungswerte. Wird die Kuchenoberfläche zu schnell braun, den Kuchen bis zum Ende der Backzeit mit Alufolie oder Backpapier zudecken.
Gegen Ende der Backzeit am besten eine Garprobe mit einem Holzstäbchen machen. Das Holzstäbchen in den Kuchen stecken und wieder herausziehen. Klebt kein Teig mehr am Stäbchen, ist der Kuchen gar. Klebt Teig am Stäbchen, die Backzeit verlängern.

Nach dem Backen

In der Regel lassen Sie Böden und Kuchen gut auskühlen, bevor sie diese weiterverarbeiten bzw. zum Servieren in Stücke schneiden. Wir empfehlen Tortenböden und Kuchen am Vortag zu backen.
Veganes Gebäck ist oft etwas krümeliger und hat trotzdem eine feuchte Krume. Somit haftet es meist auch viel stärker am Backpapier.
Tortenböden lassen sich am besten mit einem Sägemesser aufschneiden. Die einzelnen Böden dann mit einer Tortenscheibe vorsichtig abheben.
Torten- und Servierplatten evtl. dünn mit veganen Semmelbröseln oder gemahlenen Mandeln oder Nüssen bestreuen, damit sich das Gebäck später gut von der Platte lösen lässt.

ALLGEMEINE HINWEISE
ZU DEN REZEPTEN

Lesen Sie bitte vor der Zubereitung – besser noch vor dem Einkauf – das Rezept einmal vollständig durch. Oft werden Arbeitsabläufe oder -zusammenhänge dann klarer. Die Nährwerte beziehen sich jeweils auf 1 Stück.

Zutaten
Wir haben handelsübliche Backzutaten verwendet, die zur Zeit der Bucherstellung im Sortiment von Supermärkten, Bio- oder Reformhäusern zu bekommen waren. Beachten Sie bitte, dass Hersteller die Inhaltsstoffe bzw. deren Zusammensetzung in Produkten verändern können. Außerdem verwenden verschiedene Hersteller andere Inhaltsstoffe in ihren Produkten, obwohl diese für den gleichen Zweck vorgesehen sind. Beispiele dafür sind Ei-Ersatzprodukte und vegane Margarinen.

Zutatenliste und Arbeitsschritte
Die Zutaten sind in der Reihenfolge ihrer Verarbeitung aufgeführt. Die Arbeitsschritte, in der Reihenfolge, in der sie von uns ausprobiert wurden.

Zubereitungszeiten
Die Zubereitungszeit ist ein Anhaltswert für die Dauer der Vorbereitung und die eigentliche Zubereitung. Längere Wartezeiten wie Kühl- oder Abkühlzeiten, Auftau- und Durchziehzeiten sind, sofern parallel keine weitere Tätigkeit erfolgt, nicht in der Zubereitungszeit enthalten. Die Backzeiten sind gesondert ausgewiesen.

Backofeneinstellung und Back- und Garzeiten
Die in den Rezepten angegebenen Backtemperaturen, Back- und Garzeiten sind Richtwerte, die je nach individueller Hitzeleistung Ihres Backofens über- oder unterschritten werden können. Machen Sie nach Beendigung der angegebenen Backzeit eine Garprobe.
Die Temperaturangaben in diesem Buch beziehen sich auf Elektrobacköfen. Die Temperatureinstellungsmöglichkeiten für Gasbacköfen variieren je nach Hersteller, sodass wir keine allgemeingültigen Angaben machen können. Bitte beachten Sie deshalb bei der Einstellung des Backofens die Gebrauchsanleitung des Herstellers. Ein Backofenthermometer eignet sich dabei gut, um die Backofentemperatur im Blick zu haben.

Einschubhöhen
Die Einschubhöhen stehen in jedem Rezept. Abweichungen sind möglich und von der Ausführung Ihres Backofens abhängig. Beachten Sie daher auch die Angaben Ihres Backofenherstellers.

Hinweise zu den Nährwerten
Bei den Nährwertangaben, die in den Rezepten angegeben sind, handelt es sich um auf- bzw. abgerundete ganze Werte. Lediglich die Broteinheiten werden in 0,5er-Schritten mit einer Stelle nach dem Komma angegeben.
Aufgrund von ständigen Rohstoffschwankungen und/oder Rezepturveränderungen bei Lebensmitteln kann es zu Abweichungen kommen. Die Nährwertangaben dienen daher lediglich Ihrer Orientierung und eignen sich nur bedingt für die Berechnung eines Diätplans, zum Beispiel bei Krankheiten wie Diabetes. Bei krankheitsbedingten Diäten richten Sie sich daher bitte nach den Anweisungen Ihres Diätassistenten bzw. Ihres Arztes.

Abkürzungen und Symbole

EL	=	Esslöffel	geh.	=	gehäuft	▪	=	Kalorien-/Nährwertangaben
TL	=	Teelöffel	gem.	=	gemahlen			
Msp.	=	Messerspitze	ger.	=	gerieben	E	=	Eiweiß
Pck.	=	Packung/Päckchen	gestr.	=	gestrichen	F	=	Fett
g	=	Gramm	mind.	=	mindestens	Kh	=	Kohlenhydrate
kg	=	Kilogramm	TK	=	Tiefkühlprodukt	kJ	=	Kilojoule
ml	=	Milliliter	°C	=	Grad Celsius	kcal	=	Kilokalorien
l	=	Liter	Ø	=	Durchmesser	BE	=	Broteinheiten
evtl.	=	eventuell	⏱	=	Zubereitungszeit			

ALPHABETISCHES
REGISTER

A
Apfelkuchen 50
Apfelmuskuchen mit Kirschen 74

B
Baklava 20
Birnenkuchen mit Rosmarin 66
Brokkoli-Mandel-Tarte 80

C
Cranberry-Sesam-Rührkuchen 76

D
Dinkel-Hafer-Streifen, kernige 8

E
Erdbeerrolle mit Seidentofu 72
Erdnuss-Karamell-Cookies 10
Espresso-Marmor-Gugelhupf 54

H
Haferflockenplätzchen 22
Hefezopf mit Pflaumen 68
Himbeertorte mit Mandel-Amaranth-Boden 52

I
Ingwerkekse 24

J
Johannisbeer-Streusel-Kuchen 34

K
Kirschecken *(Titelrezept)* 26
Kirschsäckchen 30
Kleine Strudel mit Süßkartoffeln 88
Kokos-Tarte 56
Kokoskonfekt mit Marzipan 16

M
Mandel-Milchreis-Torte mit Kirschen 38
Mandelkuchen 36
Mango-Tarte *(Titelrezept)* 62
Maronenkuchen 42
Mini-Kakao-Gugelhupfe 18
Mohnkuchen mit Datteln 78
Mohnschnecken 12
Müslitüten 14

N
Nuss-Brötchen-Rad 84
Nusshörnchen 6
Nusstorte nach „Schweizer Art" 64

O/P
Obstkuchen 40
Porreeküchlein 82

R
Ratatouille-Pizza 86

S
Schokoladentorte 48
Schokorolle mit Nougatcremefüllung 58
Scones mit Datteln und Walnüssen 32
Spinat-Quiche 90
Stachelbeertorte 60
Strudel mit Süßkartoffeln, kleine 88

T
Tarte nach „Linzer Art" 70
Tofu-„Käse"-Kuchen 44

Z
Zitronen-Gugelhupfe 28
Zitronen-Kirsch-Kuchen *(Titelrezept)* 46

Für Fragen, Vorschläge oder Anregungen stehen Ihnen
der Verbraucherservice der Dr. Oetker Versuchsküche
Telefon: 00800 71 72 73 74 Mo.–Fr. 8:00–18:00 Uhr,
(gebührenfrei in Deutschland)
oder die Mitarbeiter des Dr. Oetker Verlages
Telefon: +49 (0) 521 520645 Mo.–Fr. 9:00–15:00 Uhr
zur Verfügung.

Schreiben Sie uns:
Dr. Oetker Verlag KG, Am Bach 11, 33602 Bielefeld.
Oder besuchen Sie uns online unter www.oetker-verlag.de,
www.facebook.com/Dr.OetkerVerlag oder www.oetker.de.

Umwelthinweis	Dieses Buch und der Einband wurden auf FSC® -zertifiziertem, chlorfrei gebleichtem Papier gedruckt. Die Einschrumpffolie – zum Schutz vor Verschmutzung – ist aus umweltfreundlichem und recyclingfähigem PE-Material.

Copyright	© 2015 by Dr. Oetker Verlag KG, Bielefeld
Redaktion	Andrea Gloß
Vorworttext	Klaus Schäfer, Bonn
Titelfoto	Thomas Diercks, Hamburg
Innenfotos	Fotostudio Diercks (Christiane Krüger, Kai Boxhammer) Hamburg außer S. 7 und 85 (Eising Studio Food Photo & Video, München)
Rezeptentwicklung	Christine Bergmayer, Hamburg Anke Rabeler, Berlin
Rezeptberatung	Anke Rabeler, Berlin
Nährwertberechnungen	Nutri Service, Hennef
Grafisches Konzept und Titelgestaltung	küstenwerber, Hamburg
Gestaltung	MDH Haselhorst, Bielefeld
Satz	Junfermann Druck & Service GmbH & Co. KG, Paderborn
Reproduktionen	d&d digital data medien GmbH, Bad Oeynhausen
Druck und Bindung	Mohn Media Mohndruck GmbH, Gütersloh

Die Autoren haben dieses Buch nach bestem Wissen und Gewissen erarbeitet. Alle Rezepte, Tipps und Ratschläge sind mit Sorgfalt ausgewählt und geprüft. Eine Haftung des Verlages und seiner Beauftragten für alle erdenklichen Schäden an Personen, Sach- und Vermögensgegenständen ist ausgeschlossen.

Nachdruck und Vervielfältigung (z.B. durch Datenträger aller Art) sowie Verbreitung jeglicher Art, auch auszugsweise, ist nur mit ausdrücklicher Genehmigung und Quellenangabe gestattet.

ISBN: 978-3-7670-0888-5